Lilo Schmidt

Stubenhocker und Zappelphilipp

Zwei außergewöhnliche Kinder in der Mototherapie

Lilo Schmidt

Stubenhocker und Zappelphilipp

Zwei außergewöhnliche Kinder in der Mototherapie

verlag modernes lernen - Dortmund

2., verb. Aufl. 2000

Herstellung: Löer Druck GmbH, 44139 Dortmund

Bestell-Nr. 1185 ISBN 3-8080-0465-7

Inhalt

Einführung

Dieses Buch handelt von zwei Kindern, von Marvin, dem eher unscheinbaren Stubenhocker, und von Tim, dem auffälligen Zappelphilipp.

Die Unterschiede könnten größer nicht sein. Auf der einen Seite der Stubenhocker in seiner Ängstlichkeit, seinem schwachen Selbstbewußtsein und seiner geringen Lebensfreudigkeit, in sich gekehrt und einzelgängerisch, unter Gleichaltrigen als Muttersöhnchen und „Heulsuse“ verspottet. Dabei werden seine wertvollen und liebenswerten Eigenschaften wie sein Einfühlungsvermögen, seine Geduld und Anhänglichkeit, seine unaufdringliche Hilfsbereitschaft allzu leicht übersehen.

Auf der anderen Seite der Zappelphilipp, unverkennbar und unübersehbar in seiner motorischen Unruhe, seiner Unangepaßtheit und mangelnden Impulskontrolle, seiner Konzentrationsschwäche und Distanzlosigkeit. Schon von frühester Kindheit an wird er als störend empfunden und stößt selbst im familiären Umfeld auf verdeckte oder sogar offene Ablehnung. Wem fällt da noch seine Offenheit und Aufrichtigkeit, seine Phantasie, sein Ideenreichtum und seine Kreativität auf?

Eines haben Marvin und Tim gemeinsam: Sie sind anders als andere Kinder, und sie leiden beide darunter, als Außenseiter an den Rand gedrängt oder ausgegrenzt zu werden. Sie brauchen Hilfe, liegen doch bei beiden massive Bewegungs-, Wahrnehmungs- und Verhaltensstörungen vor, die dringend der Mototherapie[1] bedürfen. In der gemeinsamen Behandlung lernen beide – jeder für sich und im Spiegel des anderen – den angemessenen Umgang mit ihrem Körper, ihren Wahrnehmungen und Empfindungen, nicht zuletzt auch mit ihrer Umgebung.

Mit der Darstellung dieser Entwicklung unternimmt dieses Buch auch den Versuch, die Mototherapie in ihren Indikationen, in ihrem ganzheitlichen Ansatz, in ihren Methoden und Wirkungen vorzustellen. Dabei soll zugleich auf die Wechselwirkung

[1] Vgl. Gorges, 1994; Kießling/Klän/Hitz, 1994.

von Wahrnehmung, Motorik und Verhalten einerseits und die Auswirkungen auf das familiäre Umfeld anderseits aufmerksam gemacht werden. An dieser Stelle sei hingewiesen auf die grundlegenden und wegweisenden Studien von Jonny E. Kiphard[2].

Im Mittelpunkt stehen Berichte über den Verlauf einer mototherapeutischen Behandlung aus der Sicht und dem Erleben Marvins, seiner Eltern, Großeltern und Erzieherinnen. Daß Gedanken und Empfindungen von Tim, dem Zappelphilipp, nicht gleichermaßen im Blickpunkt der Darstellung stehen, hängt im wesentlichen damit zusammen, daß Erscheinungsformen und Probleme dieser Kinder in der Fachliteratur bereits eingehend und vielfältig beschrieben worden sind.[3]

Die Innensicht der Beteiligten soll verdeutlichen, wie Mototherapie in Bewußtsein und Empfinden der Betroffenen eingreift und welche Veränderungen im Umfeld des Kindes notwendig sind, um den Erfolg der Behandlung abzusichern. Marvin und Tim sind wie die anderen dargestellten Personen nicht mit lebenden Personen identisch. Sie sind jedoch insofern authentisch, als ihre Beobachtungen und Empfindungen im Verlaufe jeder Behandlung in dieser oder ähnlicher Form immer wieder geäußert werden. Insofern spiegeln die Berichte die gesicherten Erfahrungen einer mehrjährigen Praxis mit Kindern im Vorschulalter wider.

Die behandelten Kinder kommen ausnahmslos aufgrund einer medizinischen Indikation und auf ärztliche Anordnung zur Mototherapie, wie sie von staatlich geprüften MotopädInnen und MototherapeutInnen durchgeführt wird. An dieser Stelle sei im übrigen ausdrücklich darauf hingewiesen, daß nicht jedes bewegungs-, aufmerksamkeits- oder verhaltensauffällige Kind therapiebedürftig ist. Im allgemeinen erreichen Eltern deutliche Verhaltensverbesserungen durch eine veränderte Einstellung zum Kind und möglicherweise (nach Absprache mit den behandelnden KinderärztInnen) durch Teilnahme an einer Psychomotorik-Gruppe.

---

[2] Siehe Kiphard, 1979, 1990 und 1996

[3] Otte, 1994; Prekop/Schweizer, 1993; Rosival, 1993; Prekop, 1991; Voss/Wirtz, 1991.

„Mein Kind ist irgendwie anders!“

Marvin: Ich sollte zur Mototherapie. Ausgerechnet heute! Dabei hatte der Tag doch so schön angefangen. Meine Mutter hatte nämlich gesagt, ich brauchte heute nicht in den Kindergarten zu gehen. Da war ich froh. Ich gehe nämlich nicht gern in den Kindergarten. Da ist es immer so laut, und die Kinder, mit denen ich am liebsten spielen würde, beachten mich gar nicht.

Ich konnte also an diesem Morgen ein bißchen mit dem Gameboy spielen, und es gab auch noch eine tolle Sendung im Fernsehen. Aber dann kam wieder das Geschrei von Mama: „Marvin! Zieh dich doch endlich an, wir müssen uns beeilen!“

Gestern waren wir beim Kinderarzt. Dort sollte ich auf einem Bein hüpfen und ein Männchen malen. Weil der Arzt ganz nett ist, habe ich es versucht. Er konnte ja nicht wissen, daß ich gar nicht malen kann. Im Kindergarten schleiche ich mich immer weg, wenn die anderen Kinder malen. Ich kann nämlich den Stift nicht richtig halten, meine Striche werden immer ganz krumm. Und hüpfen kann ich auch nicht. Ich sollte auch noch auf einem Bein stehen, aber das ging überhaupt nicht. Der Arzt sprach dann mit meiner Mutter und riet ihr, mich bei der Mototherapie anzumelden. Meine Mutter wußte natürlich nicht, was Mototherapie ist. Sie erkundigte sich gleich bei einer Nachbarin, deren Sohn auch in Behandlung ist. Die hat ihr wohl kräftig zugeraten.

Am dem Abend gab es richtig Zoff bei meinen Eltern. Mein Papa hielt gar nichts davon, daß ich behandelt werden sollte. Schließlich sei ich ja nicht krank. Er sei früher auch nicht der sportlichste gewesen Er könne gar nicht verstehen, daß meine Mutter jeden neumodischen Quatsch mitmachen müsse. Als meine Mutter an meine schwierige Geburt erinnerte, rastete mein Vater völlig aus. Schließlich sei er bei der Geburt dabei gewesen und habe sich davon überzeugt, daß ich ein ganz normales Baby gewesen sei. Außerdem sei ich später immer ruhig und lieb gewesen. Ich hätte zwar spät laufen gelernt und könne nur mit Stützrädern Fahrradfahren, aber dafür könne ich doch so ausdauernd mit Autos spielen. Meine Mutter blieb aber dabei, daß wir doch mal zur Mototherapie gehen sollten, weil auch die Erzieherin gesagt habe, ich spielte so viel allein für mich.

Nun also mußte ich mich schnell anziehen, weil wir pünktlich sein sollten. Meine Mutter hatte mir schon die Anziehsachen bereit gelegt. Das Dumme ist nur, daß ich das Anziehen total schwierig finde, besonders, wenn es schnell gehen soll. Schon wenn ich mein Hemd anziehen soll, komme ich durcheinander. Mir gelingt es nie, den Ärmel zu finden. Ab und zu stecken mein Kopf und ein Arm in einer Öffnung, fast immer ist das Hemd völlig verdreht. Mama schimpft, wenn ich die Unterhose falsch herum anziehe. Die Strumpfhose sitzt ebenfalls meist verkehrt. Ich kann mir einfach nicht merken, welches die Vorderseite und welches die Rückseite von Kleidungsstücken ist. Manchmal ziehe ich auch die Schuhe verkehrt herum an, aber das muß man mir immer sagen, denn so etwas fällt mir von alleine gar nicht auf. Ich kann auch in meine Schnürsenkel keine Schleife binden, und den Knopf an meiner Jeans macht immer meine Mutter zu. Meist nöle ich beim Anziehen solange herum, bis Mama kommt und mir hilft. Ich kenne sie ja, sie schimpft zwar immer, daß ich zu langsam bin, aber es vergeht kein Tag, an dem sie mir nicht hilft.

Endlich waren wir soweit. Ich bekam noch eine Tüte Gummibärchen, und dann ab ins Auto und los.

Marvins Verhalten läßt deutliche Symptome einer *Dyspraxie* erkennen. Diese Kinder sind in ihrem Körper nicht „zu Hause“. Für eine angemessene Handlungsplanung fehlt ihnen die präzise körperliche Eigenwahrnehmung. Sie haben kein Empfinden und Gedächtnis für die Ausdehnung ihres Körpers und seine Grenzen. Sie sind sich ihrer Körperteile, ihres Rumpfes, ihrer Arme, Beine oder Finger nicht bewußt. Für sie besteht alles dieses nebeneinander, unverbunden und unkoordiniert. Dementsprechend mangelt es diesen Kindern auffällig an Körpergefühl und Körpergeschicklichkeit.

Die Mutter: Marvin wird im Oktober 5 Jahre alt. Er ist unser einziges Kind. Er ist ein Wunschkind, und unsere gesamte Familie ist stolz auf ihn. Die Schwangerschaft war etwas problematisch, weil schon frühzeitig leichte Wehen auftraten. Aber da ich nicht mehr berufstätig war, hatte ich Zeit und konnte mich oft hinlegen. Die wehenhemmenden Mittel seien nicht schädlich für die Entwicklung des Kindes, sagte der Arzt. Ich mußte sie ja auch nur in Tablettenform einnehmen.

Die Geburt ist mir nicht in angenehmer Erinnerung. Sie dauerte sehr lange und nach Aussage meines Mannes, der dabei war, war Marvin nach der Geburt „blau angelaufen“, weil sich die Nabelschnur um seinen Hals gewickelt hatte. Es war schon alles merkwürdig. Zuerst die vorzeitigen Wehen und dann die Sache mit der Nabelschnur um den Hals.

Als ich Marvin dann im Arm hatte, war von einer Blaufärbung nichts zu sehen. Er war ein rundes, rosiges Baby. Im gelben Untersuchungsheft waren alle Angaben ohne Befund. Die Neugeborenenzeit verlief wunderbar bis auf die Tatsache, daß Marvin nur ungern meine Brust nahm, und das, obwohl ich viel Muttermilch hatte. Er war halt etwas trinkfaul.

Marvin ließ sich mit allem viel Zeit. Mit 9 Monaten konnte er frei sitzen, vom Krabbeln jedoch hielt er nicht viel, er konnte nur robben. Mit 15 Monaten konnte Marvin selbständig laufen.

Marvin konnte sich gut alleine beschäftigen. Wo er einmal saß, saß er. Man konnte ihn überallhin mitnehmen. Er machte sich auch nie richtig schmutzig, putzte sich immer die Hände ab. Meine Schwiegereltern betonten ständig, daß ihr Sohn ebenso lieb gewesen sei.

Mir fiel allerdings bald auf, daß Marvin etwas tolpatschig war. Sobald er laufen konnte, eckte er überall an. Das legt sich„, sagte meine Schwiegermutter, was ich denn nur hätte. Als Marvin älter wurde, hatte er große Schwierigkeiten, mit anderen Kindern in Kontakt zu treten. Er suchte immer den Schutz Erwachsener, den er auch ausreichend bekam.

Marvin läßt sich gerne helfen. Das Anziehen ist bis heute eine Qual. Er verdreht immer seine Kleidungsstücke und merkt gar nicht, wenn er sich etwas verkehrt herum anzieht. Das macht mich ganz wahnsinnig, denn ich möchte natürlich, daß Marvin immer proper aussieht. Auf der anderen Seite macht es mir natürlich Spaß, ihn zu verwöhnen. Er ist halt mein kleiner Prinz. Problematisch wurde es, als Marvin in den Kindergarten kam. Er wollte sich dort einfach nicht von mir lösen und schrie wie verrückt. Die Erzieherinnen schickten mich einfach weg. Sie sagten, sobald mich Marvin nicht mehr sehe, würde er sich schon beruhigen.

Wir hatten lange auf einen Kindergartenplatz gewartet. Marvin war immerhin schon 4 Jahre und 10 Monate alt, als er einen bekam. Ich hatte auf einen Kindergartenplatz gedrängt, denn Marvin wurde immer anhänglicher. Er fühlte sich zu Hause am wohlsten, spielte stundenlang mit seinen Autos. Nach draußen zu den anderen Kindern ging er nie allein. Er hatte Angst. Die Kinder waren ihm zu wild. Ich hatte mir nie etwas dabei gedacht, daß Marvin noch mit 2 Jahren im Kinderwagen saß und sich eher beschäftigen ließ, als daß er selbst aktiv wurde.

Mit dem Dreiradfahren wollte es bei Marvin nicht so recht klappen, denn er konnte nicht richtig treten. Als er dann später auch seinen Roller in die Ecke schmiß und zudem sein Fahrrad nicht benutzte, wurde ich immer unsicherer. Ich befragte meinen Kinderarzt, der mich allerdings vertröstete. Er meinte, Jungen seien halt später dran, das komme alles von selbst. Manchmal machte ich mir selbst Vorwürfe. Ich fragte mich, ob ich etwas falsch gemacht hätte. Marvin nahm solch besitzergreifende Züge an, daß ich ihn manchmal richtig als Fessel empfand. Bei meinen Schwiegereltern konnte ich meine Sorgen nicht loswerden, denn die entschuldigten jede Schwäche meines Kindes.

Ich hatte manchmal den Eindruck, daß mein Mann mir die Schuld daran gab, daß Marvin so anders war als die Jungen in der Nachbarschaft. Marvin war nicht so kernig wie die. Wenn mein Mann mal mit ihm Dreirad- oder später Fahrradfahren übte, kamen die beiden jedesmal frustriert zurück. Der Junge weinte, und mein Mann war tief enttäuscht, daß es nicht geklappt hatte. Die beiden konnten auch nicht zusammen spielen, obwohl Marvin alles an Spielzeug bekam, was auf dem Markt zu haben war. Marvin ließ sich meist eher etwas vorspielen oder spielte allein vor sich hin. Er hat nicht die Fähigkeit, eigene Spielideen zu entwickeln. Vielleicht ist das auch der Grund, warum er für gleichaltrige Kinder kein adäquater Spielpartner ist. Marvin spielt entweder mit deutlich jüngeren oder älteren Kindern. Er ist nicht imstande, sich mit Gleichaltrigen auseinanderzusetzen, er gibt stets nach.

Je älter Marvin wurde, umso auffälliger wurde sein Verhalten. Als er 4 Jahre alt war, meldete ich ihn in einer Kinderturngruppe an. Alle Kinder seines Alters aus der Nachbarschaft gingen in den Turnverein. Unser Besuch beim Turnverein war jedoch die reinste Katastrophe. Marvin löste sich überhaupt nicht von meiner Hand. Er entwickelte förmlich Umklammerungsängste, als er den großen Raum mit den vielen tobenden Kindern sah und ihm die große Lautstärke entgegen schlug. Als es mir dann doch gelang, daß er sich von meiner Hand löste, verkroch er sich sofort unter einer Bank. Dieses Verhalten war mir schon öfter bei Marvin aufgefallen, denn immer, wenn wir Familienfeste haben, bei denen die große Verwandtschaft zusammenkommt, verkriecht sich Marvin unter den Tisch. Die Großmütter finden das „niedlich". Allein mein Schwiegervater reagiert anders. Er nimmt sich den Jungen, zieht ihn an und geht mit ihm spazieren. Vielleicht fällt dadurch Marvins andersartiges Benehmen nicht so auf.

Wenn ich meine Bedenken äußerte, wurde mir immer wieder gesagt, daß sich Jungen eben später entwickelten und ich froh sein solle, daß Marvin so lieb sei. Besorgt war ich auch wegen Marvins Sprachentwicklung. Er verdrehte ständig die Wörter wie zum Beispiel: „Marvin in den Kindergarten geht." Das war wirklich nicht normal. Wegen Marvins Sprachauffälligkeiten habe ich schließlich sogar den Kinderarzt gewechselt. Der neue Kinderarzt hörte sich endlich meine Sorgen an, die mich zunehmend mehr belasteten. Er sagte: „Wir machen am besten die „U9", vielleicht kommen wir dann den Dingen auf den Grund."[4]

Dieser Kinderarzt hatte ein Händchen für Kinder, und Marvin gab sich auch wirklich Mühe, den Test gut zu absolvieren. Ich

[4] U9 bezeichnet die Befunderhebung für Kinder im 60.-64. Lebensmonat (vgl. Bundesausschuss der Ärzte und Krankenkassen, 1990).

merkte aber, daß er zu vielen Dingen nicht fähig war. Er konnte nicht auf einem Bein hüpfen oder Formen nachlegen, keine Personenzeichnungen anfertigen und all die anderen Dinge, von denen ich bereits wußte, daß er sie nicht beherrschte. Die Miene von Marvin verdüsterte sich während des Tests zusehends. Am Ende der Untersuchung hingen seine Schultern herunter, und sein Kopf fiel auf die Brust. Der Junge war nur noch ein Häufchen Elend. Mir ging es allerdings ähnlich. Überhaupt fühlten wir uns beide in letzter Zeit häufig deprimiert und niedergeschlagen. Der Kinderarzt merkte wohl meine Traurigkeit und machte den Vorschlag, daß Marvin eine Mototherapie erhalten solle. Mit der Sprachtherapie sollten wir noch etwas warten, oft sei sie nach der Mototherapie gar nicht mehr nötig.

Mototherapie

Mototherapie ist eine ärztlich verordnete Maßnahme, die von „staatlich geprüften MotopädInnen“ durchgeführt wird. Grundlage der Mototherapie ist die Einheit von Wahrnehmung, Motorik, Erleben und Handeln.

Eine mototherapeutische Behandlung ist bei Kindern und Jugendlichen geboten, die aufgrund von Wahrnehmungs- und zugleich Bewegungsstörungen in ihrer körperlichen und psychischen Entwicklung und infolgedessen in ihrem gesamten Lern- und Sozialverhalten auffällig oder auch erheblich gestört sind.

Die mototherapeutische Behandlung zielt darauf ab, die gestörten sensomotorischen und psychomotorischen Funktionen von Kindern und Jugendlichen zu verbessern, um somit ein angemessenes Leistungs-, Bewegungs- und sozial-emotionales Verhalten zu bewirken und im Rahmen der individuellen Möglichkeit zur Harmonisierung der Gesamtpersönlichkeit beizutragen.

Indikationen

Die Verordnung einer mototherapeutischen Behandlung erfolgt grundsätzlich durch einen Arzt, der ggf. die Ergebnisse motodiagnostischer und psychologischer Untersuchungen mit heranzieht. Eine mototherapeutische Behandlung ist insbesondere bei den nachfolgend genannten Indikationen angezeigt, die nicht ausschließlich körperlich-organische Ursachen haben, sondern auch durch psycho-soziale Störungen oder traumatische Erfahrungen verursacht sein können.

Wahrnehmungsstörungen:

- Entwicklungsverzögerungen oder Störungen im kinästhetischen (bewegungs-empfindenden), taktilen, vestibulären (gleichgewichtsempfindenden), visuellen , akustischen und visceralen Bereich
- beeinträchtigtes Empfinden und Erleben der eigenen Körperlichkeit sowie begrenzte oder gestörte Bewußtheit des eigenen Körperschemas
- Störungen in der Handlungsplanung und -durchführung sowie in der Raum- und Zeitorientierung

Bewegungsstörungen:

- Entwicklungsverzögerungen und Störungen in der grob- und feinmotorischen Koordination
- Störungen der Bewegungskontrolle, Kraftdosierung und Gleichgewichtskontrolle
- Störungen in der Visuo- und Graphomotorik, Hand- und Fußgeschicklichkeit
- Verzögerungen in der Seitigkeits- und Dominanzentwicklung
- Störungen oder Verzögerungen in der Sprachentwicklung

Lern- und Verhaltensstörungen:

- Hyperaktivität / Hypoaktivität
- aggressive, autoaggressive und regressive Verhaltensweisen
- Konzentrationsstörungen

- Leistungsverweigerung und sozialer Rückzug
- Beeinträchtigungen in der Kontaktaufnahme, in der Kommunikation und im Ausdrucksverhalten

Behandlung

Mototherapie wird als Einzelbehandlung oder – soweit therapeutisch geboten – in Kleingruppen (2-4 Patienten) durchgeführt.

Die Schwerpunkte der Behandlung orientieren sich an dem jeweiligen Entwicklungsprofil, an der Art und dem Umfang der individuellen Störungen und Beeinträchtigungen sowie an den Gegebenheiten des sozialen Umfeldes.

Mototherapie ist handlungsorientiert und arbeitet mit gezielten körper- und bewegungsbezogenen Interaktionen.

Ausgehend von ihren Stärken werden die Patienten zur eigenaktiven Aufarbeitung ihrer Störungen und Beeinträchtigungen angeleitet.

Durch Variationen der Bewegungs-, Material- und Raumangebote werden im Rahmen der mototherapeutischen Behandlung Kompetenzen neu erlernt, reaktiviert und gegebenenfalls im Schutze der Kleingruppe auf neue Situationen übertragen.

Zuerst hatte ich einen regelrechten Schock, als ich hörte, daß mein Kind behandlungsbedürftig sei. Andererseits war ich auch erleichtert. Das Versteckspiel hatte damit endgültig ein Ende. Ich brauchte mich für Marvins Langsamkeit nicht mehr zu entschuldigen, ich brauchte mir selbst nichts mehr vorzumachen und mich von den Reden meiner Schwiegermutter, daß mein Mann auch so gewesen sei, vertrösten lassen. Das schlechte Gewissen, daß es möglicherweise an mir lag, daß das Kind so wenig Lebensfreude zeigte, nagte jedoch auch weiterhin an mir. Ich hatte immer versucht zu vertuschen, daß Marvin sich noch nicht alleine anziehen konnte, wenig Kontakt zu Gleichaltrigen hatte, nicht ohne Stützräder Fahrrad fahren konnte, nicht so gern malte und überhaupt zu allen Aktivitäten angetrieben werden mußte. Ich versuchte das alles zu verheimlichen, besonders da ich die Enttäuschung bei seinem Vater zunehmend mehr spürte.

Nach dem Arztbesuch ging ich erst einmal zu meiner Nachbarin, denn deren Kind war in Behandlung in eben jener Praxis für Mototherapie, in die ich nun auch mit Marvin gehen sollte. Mit meiner Nachbarin hatte ich bis dahin wenig Kontakt. Die Familie war erst vor kurzer Zeit zugezogen, und ihr Kind gehörte im Kindergarten zu einer anderen Gruppe als Marvin. Ich sprach sie an einem der nächsten Tage einfach an, und wir kamen über die Probleme unserer Kinder überraschend schnell ins Gespräch.

Ich erzählte ihr von Marvin und seiner augenfälligen Ungeschicklichkeit. Ich berichtete ihr, wie er mehr und mehr zum Stubenhocker und im Kindergarten schließlich zu einem Außenseiter geworden war und daß er sich selbst kaum etwas zutraute.

Die Nachbarin hörte mir verständnisvoll zu, und sie sprach auch ganz frei über ihre Probleme. Ihr Sohn sei zwar im äußeren Erscheinungsbild eher das Gegenteil zu Marvin gewesen. Er habe andauernd herumgezappelt, alles begonnen, ohne es zu Ende zu führen. Er sei nicht fähig gewesen, sich auf irgendetwas wirklich zu konzentrieren: also das, was man gemeinhin als Zappelphilipp bezeichne. Aber es gebe doch auch auffällige Gemeinsamkeiten.

Beide Kinder hatten Probleme, dauerhafte Freundschaften zu knüpfen, beide wurden von anderen Kindern nicht akzeptiert. Das Kind meiner Nachbarin war früher auf offene Ablehnung bei anderen Kindern gestoßen, Marvin wurde von anderen Kindern gar nicht erst zur Kenntnis genommen. Der Sohn meiner Nachbarin war in seiner Umgebung so unglücklich gewesen, wie Marvin es jetzt war. Interessant war mir auch, daß meine Nachbarin ebenso wie ich während der Schwangerschaft erhebliche Probleme und eine schwierige Geburt gehabt hatte. Sie habe früher ihr Kind nicht in den Arm nehmen können. Bereits als Säugling habe das Kind Streicheln und Zärtlichkeiten abgelehnt Sie habe es nur anfassen können, wenn es von sich aus kam.

Früher habe sie nie mit anderen Menschen über ihre Problem reden können, selbst mit ihrem Ehemann nicht. Jetzt konnte sie offenbar freimütig über alles sprechen. Sie berichtete, wie sich in der Mototherapie ihr Kind allmählich verändert habe, aber auch ihre eigene Einstellung zu ihrem Kind und die ihres Ehemannes.

Meine Nachbarin erzählte, daß sich das Bewegungsverhalten ihres Sohnes nach und nach deutlich verbessert habe. Er sei nicht mehr so ruhelos und könne seine Bewegungen jetzt besser kontrollieren.

Sie selbst habe im Laufe der Therapie körperlich Zugang zu ihrem Kind gefunden. Es habe allerdings etwas gedauert, bis sich eine körperliche Harmonie zwischen ihr und dem Kind eingestellt habe. Inzwischen gehöre das Drücken des Kindes zu ihrem Alltag, und das Kind beginne sogar, mit ihr zu schmusen.[5]

Es sei aber nicht so, daß ihr Junge inzwischen ein total anderes Kind geworden sei. Er sei auch jetzt manchmal noch schwierig im Umgang, besonders dann, wenn er an seine Leistungsgrenzen stoße. Und er habe hohe Ansprüche an sich selbst. Wenn ihm etwas nicht zufriedenstellend oder schnell gelinge, werde er ungeduldig und neige dazu, die Schuld bei anderen zu suchen.

Anderseits könne er sich jetzt langanhaltend mit Dingen beschäftigen, die ihn interessierten. Er baue stundenlang mit Lego-Bausteinen. Er sprudele vor Einfällen, entwickele neue Spiele und könne phantasievoll malen. Nach längeren Konzentrationsphasen brauche er aber Auslauf. Oft hänge er sich dann ans Hochbett, schaukele heftig oder wälze sich in den Kissen.

Nicht nur er selbst habe sich verändert, auch die Familie habe einen verständnisvolleren Umgang mit dem Kind gelernt, habe gelernt, einfühlsamer auf Bedürfnisse des Kindes einzugehen, vor allem seine Stärken zu sehen und es nicht an seinen Schwächen zu messen.

Das Schönste aber sei, daß ihr Sohn inzwischen auch gleichaltrige Freunde gefunden habe und sie als Freunde halten könne. Am Anfang der Therapie sei er ausschließlich Frau Lianders

[5] Defersdorf, 1991.

wegen – so heißt seine Therapeutin – zur Mototherapie gegangen; später habe er sich am meisten auf die anderen Kinder gefreut.

Ich muß gestehen, daß bei mir letzte Zweifel geblieben waren. Das Kind meiner Nachbarin hatte eigentlich ganz andere Probleme gehabt als unser Marvin. Konnte es sein, daß ein und dieselbe Behandlungsmethode zwei so unterschiedlichen Kindern helfen konnte? Meine Nachbarin schien meine Skepsis zu fühlen. „Sie werden sich noch wundern," sagte sie. „Ich habe verschiedentlich in der Praxis Kinder erlebt, die anfangs so waren wie Ihr Junge, in sich gekehrt und viel zu angepaßt. Nach der ersten Behandlungsphase waren sie eine Zeitlang ganz aus dem Häuschen und nur schwer zu bändigen. Die Mütter sprachen dann nur noch von ihren 'Stubenzappeln'" „Das kann ja heiter werden," dachte ich. Aber ich war richtig neugierig geworden.

Für mich stand nach dem Gespräch fest, daß ich mich sofort um einen Behandlungsplatz bemühen würde, zumal das Kind meiner Nachbarin inzwischen eine Regelschule besucht und dort auch gut zurechtkommt

Ein Kind entdeckt seinen Körper

Den Anfang eines therapeutischen Prozesses bildet jeweils eine diagnostische Phase. Diese ist nötig, um die ärztliche Diagnose weiter auszudifferenzieren und so konkrete Ansatzpunkte für die individuelle Therapieplanung zu gewinnen.

Diese diagnostische Phase umfaßt Verhaltensbeobachtungen, motometrische und motoskopische Verfahren, die Erhebung anamnestischer Daten zusammen mit den Eltern sowie Gespräche mit anderen Personen (ErzieherInnen oder LehrerInnen), die an der Erziehung des Kindes verantwortlich beteiligt sind. Alle Erkenntnisse werden in einem Gutachten zusammengefaßt, das dem behandelnden Arzt zugeschickt wird und das Grundlage der folgenden therapeutischen Intervention ist.

Marvin: Als wir an diesem Morgen wieder aus dem Auto ausstiegen, zeigte meine Mutter auf ein Schild. Sie las vor: „Praxis für Mototherapie". Da hatte ich schon den Kaffee auf. „Praxis"! Wahrscheinlich sollte ich schon wieder Sachen machen, die ich gar nicht kann. Das konnte ja heiter werden. Meine Mutter war ganz aufgeregt und sagte, ich sollte mich anstrengen, alles richtig zu machen.

Wir wurden von einer Frau Liander begrüßt. Die war eigentlich ganz freundlich. Na ja, immerhin. Ich sollte mich ausziehen und „Rutschesocken" anziehen. Mama half mir natürlich. Ich hörte im Umkleideraum schon lautes Geschrei aus einem Raum. Frau Liander fragte, ob ich mal gucken wolle, was die Kinder da machten. Ich antwortete nichts und hielt mich an Mama fest. Die sagte, ich müsse alleine in den großen Raum gehen, aber da klammerte ich mich noch mehr an sie. Frau Liander machte den Vorschlag, daß wir zusammen zu den Kindern gehen sollten. Das war okay, und das taten wir dann auch.

Der Turnraum war ganz schön groß. In dem Raum waren schon zwei Kinder mit einer Frau. Die Frau hieß Hagedorn und war eine Kollegin von Frau Liander. Sie forderte mich auf, gleich mitzumachen. Aber das war mir nicht ganz geheuer, und ich klammerte mich weiter fest an meine Mutter. In der Ecke stand ein großes Trampolin, auf dem ein Kind hopste. Es durfte immer nur ein Kind springen, während das andere Kind auf einer grünen Mülltonne saß, die neben dem Trampolin stand. Die Kinder hopsten und sprangen dann auf eine dicke blaue Matte, auf der konnte man sich kugeln. Dann hingen da noch Ringe von der Decke, an denen man schaukeln und baumeln konnte. Außerdem gab es einen ganz großem Turm aus Schaumstoffteilen. Meine Mutter sagte dauernd: „Nun spring doch, Marvin!" aber ich hatte Angst, weil die Kinder so laut schrieen und so wild waren. Schließlich setzte ich mich doch auf die grüne Tonne. Meine Mutter stand natürlich neben mir (Abb. 1).

Abb. 1

Frau Liander sah mich freundlich an und sagte, daß sie verstehen kann, daß ich nicht mitturne, denn man müsse sich doch erst in einer neuen Situation zurechtfinden. Sie fragte, ob ich nicht Lust hätte, mit in einen kleineren Raum zu gehen; den hätten wir ganz für uns alleine. Ich nickte, aber ich war doch neugierig, was denn wohl in der grünen Mülltonne war. Doch fragen wollte ich nicht, denn ich hatte mir vorgenommen, nicht zu sprechen.

Wir gingen dann also in den kleinen Raum. Dort gab es ein kleines Trampolin, eine Kletterwand, an die ein Spezialbrett eingehakt war, und auch Schaumstoffteile. Frau Liander sagte zu mir, ich dürfe nun machen, was ich wolle. Meine Mutter sagte schon wieder: „Nun spring, Marvin.“ Ich hatte aber keine Traute, alleine auf das Trampolin zu gehen. Meine Mutter hielt mich an den Händen fest, und dann ging es ganz gut. Meine Mutter redete dabei allerdings dauernd auf mich ein und gab mir Ratschläge, was ich alles machen sollte. Frau Liander sagte zu meiner Mutter, sie wolle sich ein bißchen mit ihr unterhalten. Mit mir sprach sie gar nicht, hatte mich aber immer im Blick.

Ich kletterte nun alleine die Sprossenwand hinauf und rutschte auf dem dort eingehakten Brett hinunter. Manchmal zog ich mich auch auf dem Brett hinauf, um dann wieder 'runterzurutschen. Ich machte das ganz oft. Als ich davon genug hatte, ging ich zu den Schaumstoffteilen, die an einer Wand hoch aufgetürmt waren, und berührte sie mit den Fingern. Meine Mutter sah das und mußte sich darüber natürlich erstmal aufregen: „Marvin, wirf die bloß nicht um!“ Aber Frau Liander lächelte mich an und nickte mit dem Kopf. Wumms, und schon flogen die weichen Bauklötze übereinander auf den Boden. Da lag nun ein großer, bunter Haufen aus Schaumstoffteilen, der mich auf eine Idee brachte. Ich kletterte die Sprossenwand hoch und rutschte auf dem Brett hinunter, direkt in den Schaumstoffhaufen. In dem rumzuwuhlen, machte richtig Spaß.

Nun hatte ich auch den Mut, auf dem kleinen Trampolin zu springen. Ich sprang auch vom Trampolin in den Haufen mit den Schaumstoffteilen. Als mir davon so richtig warm war, meinte Frau Liander, wir sollten mal eine kleine Pause machen. Ich setzte mich zu ihr an den Tisch auf einen komischen Stuhl (Trip-Trap-Stuhl) und sollte mich malen. Nun hatte ich wieder ein so großes leeres Blatt vor mir liegen und wußte nicht, wie ich die Zeichnung deichseln sollte. Ich malte einen Kopf und Beine und Arme. Frau Liander sagte, ich solle mir meinen Körper vorstellen. Als ob ich so etwas könnte! Sie fragte, ob ich denn gar keinen Bauch hätte. Wir guckten erst an mir herunter und dann auf das Blatt. Ich hatte einen Bauch, aber die Zeichnung nicht. Ich hatte doch tatsächlich vergessen, ihn zu malen. Da mußten wir vielleicht lachen.

Als die Stunde zu Ende war, haben wir alle zusammen aufgeräumt. Meine Mutter war dabei ganz ruhig und machte mir überhaupt keine Vorschriften. Das war seltsam, und ich wußte gar nicht, wie das kam. Frau Liander fragte mich, ob ich das nächste Mal mit einem anderen Kind zusammen turnen wolle. Wir könnten dann zusammen in dem großen Raum bleiben. Ich dürfte dann auch in die große Mülltonne gucken, um zu sehen, was darin sei. Die Mülltonne! Na klar wollte ich sehen, was in der Tonne war. Aber woher wußte Frau Liander das? Ich hatte doch gar nichts gesagt. Ich nickte also, und für die nächste Stunde war alles klar.

Die Mototherapiestunde ist in der Regel in zwei Abschnitte gegliedert. Der erste Abschnitt ist nicht im voraus festgelegt oder systematisch durchgeplant. Es wird vielmehr ein Raum angeboten, in dem den Kindern ausgewähltes Psychomotorikmaterial zur Verfügung steht, das ihren individuellen Bedürfnissen entgegenkommt und die Grenzen ihrer Möglichkeiten berücksichtigt. Es ist jeweils auf die drei Basisbereiche (Tastsinn, Gleichgewichtssinn, Bewegungssinn) bezogen und fordert elementare sensomotorische Aktivitäten heraus. Die Kinder können sich austoben, ihre Aggressionen herauslassen, mit ihrem Körper experimentieren und seine Bedürfnisse und Grenzen erfahren. Positive Körpererlebnisse wirken sich dabei unmittelbar auf die Entwicklung ihres Selbstbewußtseins aus.

Danach folgt eine Pause.

Im zweiten Abschnitt der Therapiestunde werden den Kindern psychomotorische Materialien angeboten, die ihre Phantasie und ihre Gestaltungsfähigkeit wie ihre Kreativität anregen. Das Material ermutigt die Kinder, etwas Neues auszuprobieren. Dabei schaffen sie sich im allgemeinen eine imaginäre Welt, in der es leichter ist, Kontakte zu knüpfen und eine neue Rolle in der

Gruppe zu finden. Zugleich können sie hier Spannungen abbauen und beginnen, sich selbst zu regulieren.

Im weiteren Verlauf der Stunde werden die Kinder behutsam in die äußere Realität zurückgeführt. Jetzt kommt es darauf an, daß die Kinder sich auf Aufgaben einlassen, die ihnen die Therapeutin vorgibt. Es entstehen Zeichnungen des eigenen Körpers, es wird geknetet und gebaut. Dabei werden Anregungen gegeben für die Verbesserung des Hand- und Fingergeschicks sowie der Graphomotorik. Insgesamt soll sich die Therapeutin hier direktiver verhalten als in den anderen Stundenabschnitten.

Ich freute mich die ganze Zeit auf Frau Liander. Als ich meine Mutter fragte, wie lange es noch dauere, bis wir wieder bei Frau Liander seien, sagte sie: „Noch dreimal schlafen.“ Ich konnte mir das aber nicht vorstellen, wie lange „dreimal schlafen“ ist. Meine Mutter hat dann drei Zettel geschrieben und jeden Morgen haben wir einen zerrissen.

Endlich war es soweit. Als wir schließlich im Umkleideraum bei Frau Liander waren, war das andere Kind schon da. Es hieß Tim. Tim hatte genau wie ich Schwierigkeiten beim Ausziehen. Seine Mutter mußte ihm beim An- und Ausziehen helfen. Tim hampelte immer herum, rannte durch die Gegend und machte die Lichtschalter an und aus. Außerdem fiel er Frau Liander sofort um den Hals, als die endlich kam. Sie kannten sich offensichtlich schon einige Zeit.

Frau Liander fragte mich, ob ich allein zum Turnen bleiben wolle. Allein? Ich klammerte mich sofort an meine Mutter fest. Mama mußte mitkommen. Tim hingegen kam ohne seine Mutter mit. Er raste sofort in den großen Raum, sah das Trampolin, vor dem die dicke blaue Matte lag, und kletterte sofort hinauf. Er sprang so wild und heftig, daß er Schwierigkeiten hatte, sich auf dem Sprungtuch zu halten. Schließlich stoppte ihn Frau Liander. Dann guckte sie mich an. Sie nickte mir zu und winkte mich auf das Trampolin. Ich habe das gar nicht richtig begriffen, aber auf einmal stand ich auf dem Trampolin und sprang und sprang und sprang, und meine Mutter strahlte (sie stand wieder am Fenster). Frau Liander strahlte auch, und ich war ganz glücklich. Ich kugelte mich dann die blaue Matte hinunter, und Tim versuchte wieder, auf dem Trampolin zu springen.

Nachdem Tim gesprungen war, kletterte ich wieder aufs Trampolin, und Tim setzte sich auf die Tonne, denn er mußte warten. Ich sprang so lange, bis mein Kopf ganz heiß war. Das macht wirklich Spaß, aber ich war auch sehr neugierig, was denn jetzt in der grünen Tonne war. Da fragte Frau Liander, ob ich nicht mal in die Tonne gucken wollte. Die Frau kann Gedanken lesen.

Tim und ich öffneten vorsichtig den Deckel und schauten hinein. Die Tonne war ganz mit Tennisbällen gefüllt. Tim kletterte sofort in die Tonne; ich hinterher. Frau Liander fragte, ob sie den Deckel zumachen dürfe. Tim und ich guckten uns an und waren uns einig. Ja, wir wollten das. Als der Deckel zu war, kamen wir uns vor wie in einer Höhle. Hier war es dunkel und warm und kuschelig. Wir blieben so lange darin, bis die Tonne langsam wieder geöffnet wurde. Danach wurden wir ganz wild. Wir schmissen die Schaumstoffteile um und wühlten wie verrückt darin herum. Frau Liander hatte die Idee, wir sollten ein Haus bauen. Es baute natürlich jeder eins für sich. Ich guckte dabei immer, was Tim machte. Er redete ununterbrochen und sagte, er wolle ein Ruinenschloß bauen, mit Türmen und einer Zugbrücke. Ich wollte ganz allein für mich bauen, doch die Schaumstoffteile fielen leider immer um. Da kam Frau Liander und legte die Stücke so hin, daß sie mit der großen Fläche auf der Erde lagen. Nun konnte ich die Schaumstoffteile viel besser stapeln. Ich baute mir ein ganz winziges Haus, in das ich mich reinlegen konnte. Frau Liander fand es schön und meine Mutter auch. Ich hatte meine Mutter völlig vergessen, denn die hatte die ganze Zeit still am Fenster gestanden (Abb. 2).

Tim war völlig entnervt. Er hatte begonnen, ein großes Schloß zu bauen. Doch es wurde immer nur höher und höher, hatte aber keinen Anfang und kein Ende. Tim war auch etwas hastig. Wenn er eine Mauer baute, warf er mit dem Rücken das gerade Gebaute um, so daß am Ende nur noch Trümmer auf dem Boden lagen. Er wurde ganz zornig und schrie fürchterlich. Helfen lassen wollte er sich allerdings auch nicht. Da ist Frau Liander

Abb. 2

gekommen, hat sich den Tim auf ihren Schoß gesetzt und ihn ganz kräftig gedrückt. Anfangs wollte er das gar nicht, aber Frau Liander hat ganz lieb auf ihn eingeredet, und am Ende durfte er sich kämpfend aus ihrem Griff befreien.

Danach haben wir alle zusammen Tims Schloß zerstört. Wir haben die Schaumstoffteile durch die Gegend geschmissen. Auch meine Mutter und die Kinder von Frau Hagedorn, die inzwischen hereingekommen waren, haben kräftig mitgemacht. Dafür mußte sie dann auch mit aufräumen helfen. Frau Liander zeigte uns noch eine große weiße Kiste, die sie die „Zauberkiste" nannte. Sie sagte, diese Zauberkiste sei wichtig für die nächste Stunde, und sie fragte, ob wir wiederkommen wollten. Wir wollten natürlich wiederkommen, denn Zauberkisten muß man sich ansehen. Klaro!

Ich war die ganze Zeit gespannt, was in der weißen Zauberkiste sein könnte. Meine Mutter wendete wieder den Zetteltrick an, so daß ich mir besser vorstellen konnte, wie lange es bis zur nächsten Stunde dauerte. Mit Mama hatte ich inzwischen verabredet, daß sie nicht mehr bei den Turnstunden dabei sein sollte.

Denn mir war es unangenehm, daß Tim alleine blieb und ich nicht. Außerdem hatte ich ja immer noch Frau Liander.

Tim war schon da, als Mama und ich das nächste Mal in die Praxis kamen. Die Mütter begannen sofort miteinander zu quatschen, und wir sollten uns alleine umziehen. Tim hatte sich schon ausgezogen und holte nun seine Turnsachen aus dem Beutel. Aber was machte er denn? Er holte auch meine Turnsachen aus meinem Beutel und schmiß sie durch die Gegend. Alle Sachen lagen schließlich herum, und wir konnten nicht mehr unterscheiden, wem was gehörte. Frau Liander kam dazu und sah sich die Sache an. Sie schickte erst einmal die Mütter weg, und wir begannen, unsere Sachen zu sortieren und zu kleinen Häufchen zusammen zu legen.

Endlich gingen wir in den großen Raum. Tim stürmte sofort auf das Trampolin. Diesmal sprang er viel vorsichtiger, und er traf auch fast immer das Kreuz in der Mitte des Sprungtuchs. Ich glaube, das hat er sich von mir abgeguckt.

Wir kugelten zusammen die blaue Matte hinunter, hängten uns an die Ringe, kletterten in die grüne Tonne mit den Tennisbällen, solange, bis wir keine Lust mehr hatten. Uns interessierte natürlich die weiße Kiste, die auf einem Hocker stand. Frau Liander öffnete sie und holte ein Buch[6] heraus – ein Zauberbuch, wie sie sagte. Frau Liander erklärte uns, daß in dem Buch Übungen beschrieben waren, die man mit den Zaubersachen, die in der Kiste lagen, machen konnte. „Übungen!“ dachte ich sofort. „Die mach’ ich sowieso nicht mit, die kann ich auch gar nicht!“

Frau Liander zeigte uns die Abbildungen im Zauberbuch. Ich konnte mir aber nicht vorstellen, was das Kind in dem Buch machte. Frau Liander holte immer den Gegenstand aus dem Zauberkasten, den das Kind in dem Buch gerade benutzte. Wir mußten z.B. in einen Reifen springen und wieder hinaus und über einen Teppichstreifen balancieren. Zu manchen Aufgaben hatte ich überhaupt keine Lust. Frau Liander begann, uns die

[6] Motoriktest für vier- bis sechsjährige Kinder („MOT 4-6“, vgl. Zimmer/Volkamer, 1984)

Übungen vorzumachen, und Tim machte sofort alles nach. Das ärgerte mich, und so versuchte ich es auch.

Manchmal war Frau Liander ganz streng. Wir sollten die Übungen genauso machen wie im Buch. Wir sollten balancieren, hüpfen, Bälle in Kartons legen und vieles mehr. Am bescheuertsten fand ich es, Streichhölzer in ein Kästchen zu legen, und das mit beiden Händen gleichzeitig. Gegen Ende der Stunde wurden Tim und ich immer alberner. Beim Hampelmann-Springen mußten wir so lachen, daß wir uns auf der Erde wälzten.

Während wir die Übungen machten, fiel mir auf, daß Frau Liander Zettel dabei hatte. Auf denen machte sie sich Notizen. Als unsere Mütter kamen, fragten sie sofort: „Wie war der Test?" Tim und ich guckten uns an und mußten lachen. Was für ein Test? Wir hatten uns doch köstlich amüsiert.

Ich hatte mich die ganze Woche auf Tim gefreut. Der hat immer so gute Einfälle und ist so schön wild. Ich vergesse in seiner Gegenwart meist völlig, daß ich ja eigentlich immer Angst habe. Wenn Tim da ist, fühle ich mich irgendwie beschwingt. Diesmal jedoch sagte Frau Liander mir schon im Umkleideraum, daß Tim krank war und nicht kommen konnte. Ich hatte ein Gefühl, als ob ich in ein Loch gefallen wäre. Meine ganze Freude war hin. Ich war so traurig, daß ich gar keine Lust mehr hatte, mich auszuziehen. Aber da kam Frau Liander und half mir dabei. Woher wußte sie eigentlich, daß ich Hilfe brauchte? Ich hatte doch bisher noch kein Wort mit ihr geredet. Sie meinte: „Wir gehen am besten in den kleinen Raum, da ist es gemütlicher, wenn wir nur zu zweit sind." Mir war alles egal. Ich konnte mir gar nicht vorstellen, daß es auch ohne Tim schön sein sollte (Abb. 3).

Im kleinen Raum hing diesmal eine kleine Hängematte aus Stoff. Lustlos legte ich mich hinein. Da begann Frau Liander, mich ganz sanft zu schaukeln. Sie hielt oben die beiden Seiten der Hängematte zu, so daß ich mich wie in einer schaukelnden Höhle befand. Das war schön, und ich ließ mir die Schaukelei ganz lange gefallen. Dann fragte Frau Liander, ob sie Erbsen über meinen Körper schütten dürfe. Erbsen? Na ja, warum nicht. Ich nickte. Nun ließ Frau Liander ganz viele Erbsen über mich rie-

Abb. 3: Erbsenbad

seln. Sie hatte neben sich eine große Kiste stehen, voll damit. Weil ich nichts sagte, schüttete sie pausenlos Erbsen auf mich. Es wurde immer schöner. Die Erbsen bedeckten meinen ganzen Körper. Sie waren zwar schwer, aber ich war irgendwie glücklich. Nun sollte ich mir vorstellen, wo mein Bauch sei, wo die Arme, wo die Beine. Das aber konnte ich nicht. Frau Liander berührte daraufhin meine Fußspitzen und meine Schulter, die aus den Erbsen herausragten. Diese Körperteile wußte ich sofort.

Es war richtig schwierig, wieder aus den Erbsen herauszukommen. Die Stunde war zu Ende, und wir mußten nun die Erbsen, die beim Aussteigen in den Raum gefallen waren, wieder zurück in die Kiste schaufeln und den Raum ausfegen. Frau Liander fragte dabei nach dem Kindergarten und ob ich einen Freund hätte. Ich habe ihr gesagt, daß ich keinen richtigen Freund hatte und außerdem nicht gerne in den Kindergarten ging. Da sagte Frau Liander zu mir: „Du kannst ja doch sprechen", und hat mich angelacht.

Als ich mit Mama nach Hause ging, fühlte ich mich beschwingt. Nach dem Druck der Erbsen kam ich mir ganz leicht vor.[7]

Wahrnehmung oder sensorische Integration in diesem Sinne meint den außerordentlich komplexen Vorgang der Aufnahme und Verarbeitung all der Reizinformationen, die dem Menschen über seine Sinnesorgane zuströmen. Dabei denkt man zunächst an Sinneswahrnehmungen wie *Sehen, Hören, Riechen* oder *Schmecken*.

Für die Mototherapie sind in besonderem Maße die sogenannten Nah-Sinne *(Basis-Sinne)* von Bedeutung. Zu denken ist hieran

- an den *Tast*sinn, der über die Haut für die vielfältigen Berührungsreize, Druck, Temperatur oder Schmerz sorgt
- an den *Gleichgewichts*sinn für Lage und Lageveränderung des Körpers und des Kopfes
- an den *Bewegungs*sinn, der Aufschluß gibt über Stellung, Kraft oder Bewegungen des Körpers.

Die zahllosen Reizinformationen, die dem Menschen ständig zugehen, werden in den unteren Hirnregionen, meist ohne das menschliche Bewußtsein über die Großhirnrinde zu erreichen, zusammengeführt und verarbeitet. Nicht zuletzt hängen Lernfähigkeit, abstraktes Denken, emotionale Ausgeglichenheit, kontrolliertes Verhalten, körperliche Geschicklichkeit, Sprache und Sprechen wesentlich davon ab, ob und wie diese Verarbeitungsprozesse gelingen.

Die hier nur andeutungsweise skizzierten, unvorstellbar komplexen und zugleich hoch störanfälligen Verarbeitungsvorgänge, werden schon lange vor der Geburt im Mutterleib angebahnt. Sie sind nicht selten durch Komplikationen vor, während oder nach der Geburt beeinträchtigt.

Wenn es bei einzelnen Kindern dem zentralen Nervensystem nicht gelingt, ein Konzept für die Ordnung oder Koordination

[7]Ayres, 1984.

dieser Fülle einströmender Informationen zu entwickeln, kommt es – wie man sich leicht vorstellen kann – bei dem betroffenen Kind zu massiven Störungen. Man spricht hier von sensorischen Integrationsstörungen.

Nun gehe ich jede Woche einmal zur Mototherapie. Jedesmal springen wir Trampolin, rollen uns auf Matten, ziehen schwere Gegenstände, bauen Häuser aus Schaumstoffteilen, schaukeln, hängen an Seilen, klettern, sind im „Erbsenbad" oder malen. Manchmal sind auch Kinder von Frau Hagedorn dabei. Meist aber werden Tim und Max, der bei Frau Hagedorn turnt, so wild, daß wir ganz schnell wieder getrennt werden. Heute sollten wir auf die Cremerutsche (Abb. 4).

Abb. 4

In der letzten Stunde hatten wir einen Zettel mitbekommen, auf dem stand: „Badehose, Creme und Handtuch mitbringen.“ Ich mag doch gar keine Creme oder Lotion auf meinem Körper. Mein Vater hatte zu Hause gesagt: „So ein Quatsch!“ Er mag auch keine Creme auf seinem Körper. Mama meinte, sie würde sich jedesmal nach dem Duschen damit einreiben. Sie habe danach ein gutes Gefühl.

Wir hatten von anderen Kindern im Umkleideraum die unterschiedlichsten Meinungen zur Cremerutsche gehört. Ich war, wie immer, sehr skeptisch. Im großen Raum wurde ein großes Brett von der Wand gezogen, das kannten wir schon, manchmal fahren wir mit Rollbrettern hinunter, manchmal benutzen wir das Brett auch als Tisch oder Sprungbrett (Liander-Rutsche). Daneben lag ein Handtuch. An der gegenüberliegenden Wand waren Matten festgeklemmt. Wir zogen uns aus und mußten unsere Sachen auf unsere Handtücher legen. Ich zog sofort meine Badehose an, Tim aber war völlig nackt. Frau Liander sagte: „Heute bin ich ganz streng mit euch. Ihr dürft nur krabbeln. Durch die Creme wird es nämlich so glatt, daß ihr sofort hinfallt, sobald ihr aufsteht und versucht zu laufen.“

Zuerst sollten wir die Creme auf dem Brett verteilen. Tim hatte Lotion mitgebracht. Er drückte so heftig auf seine Flasche, daß die Lotion herausgeschossen kam und nur so auf das Brett spritzte. Ich hingegen saß neben Frau Liander, meine Creme fest an mich gepreßt. Frau Liander drängte mich nicht mitzumachen. Das war auch gut so, denn ich mußte mir die Sache erst einmal in Ruhe ansehen.

Frau Liander hatte mit Tim auch alle Hände voll zu tun. Tim setzte sich oben auf das eingeschmierte Brett und versuchte, auf ihm hinunterzurutschen. Er war ganz enttäuscht, weil es noch nicht so gut ging. Außerdem war seine Lotion fast alle, und er vergaß dauernd, daß er nur krabbeln durfte. Frau Liander sah richtig nervös aus.

Ich hatte ja meine Creme noch verwahrt, und es sah ganz lustig aus, wie Tim langsam die Rutsche hinunterglitt. Da entschloß ich mich, meine Creme zu opfern. Tim und ich schmierten sie nun zusätzlich auf die Rutsche. Nun konnte Tim das Brett richtig schnell hinuntersausen. Jetzt weiß ich auch, was es heißt, wenn jemand sagt: „Das geht ja wie geschmiert".

Ich versuchte, mit Frau Lianders Hilfe auch zu rutschen, aber ich blieb beinahe auf der Rutsche kleben. Auch beim 3. oder 4. Mal gelang mir das Rutschen nicht. Frau Liander sagte, das läge an meiner Badehose, die hätte sich mit Creme vollgesaugt. Da zog ich die Badehose schnell aus, und ab ging die Post. Nachdem Tim wieder einmal aufgestanden und diesmal ganz böse hingeknallt war, hielt er sich endlich an die Regel, nur zu krabbeln. Wir rutschten wie verrückt, manchmal sogar bis zu den Matten an der gegenüberliegenden Wand.

Jetzt aber kam das Schönste: Frau Liander bespritzte noch alles mit Wasser. Wir rutschten häufig und schnell, drehten uns und wälzten uns in der Creme-Wasser-Matsche. Wir schrieen dabei so laut, wie wir konnten.

Als es am schönsten war, sagte Frau Liander: „Nun noch 5mal rutschen, und dann ist Schluß." Das war auch gut so, denn wir waren ganz schön erschöpft. Wir wurden abgerubbelt, zogen uns an und durften „Schlittschuh laufen". Dabei benutzten wir unsere Handtücher wie Schlittschuhe. So glitten wir durch die Matsche und hatten alles im Nu sauber.

Nachdem wir in der Pause gierig getrunken hatten, sollten wir uns malen. Wir sollten uns mal überlegen, mit welchen Körperteilen wir gerade gerutscht seien. Ich malte mich, wie ich die Rutsche hinuntersauste. Tim und ich waren beim Malen ganz ruhig, denn ich war total geschafft, und ich glaube, Tim ging es genauso (Abb. 5 und 6).

Als Mama und ich das nächste Mal zur Mototherapie gingen, verschwand sie mit Tims Mutter ganz schnell zum Einkaufen. Frau Liander setzte sich zu uns in den Umkleideraum, und wir zogen uns gemütlich aus. Tim fing schließlich wieder etwas anderes an. Er hatte noch die Strumpfhose halb an, da spielte er bereits mit dem Hütchenspiel, das er mitgebracht hatte. Frau Liander sagte gar nichts, nahm ihm das Hütchenspiel weg und zeigte auf seine Sachen. Er guckte nicht auf das, was er anziehen sollte, sondern redete stattdessen pausenlos. Am Ende hatte

Abb. 5: Creme-Rutsche (5;10 Jahre)

Abb. 6: Creme-Rutsche (dasselbe Kind 4 Wochen später. 5;11 Jahre)

er nicht nur seine kurze Hose verkehrt herum an, sondern auch sein T-Shirt. Ich glaube, Frau Liander hatte das nicht gemerkt, denn sie meckerte überhaupt nicht. Ich legte meine Sachen so auf die Erde, daß man das Schildchen nicht sieht. Das klappt schon ganz gut. Aber Spaß macht mir das An- und Ausziehen trotzdem nicht.

Nachdem wir wieder Trampolin gesprungen waren, auf der blauen Matte gerollt und an den Ringen gehangen hatten, zeigte uns Frau Liander Malbücher. Wir waren neugierig, denn die Bücher sahen lustig aus. Wieder hatte Frau Liander ein Buch mit „Anweisungen“[8]. Wir bekamen Bleistifte und mußten Striche zwischen schon gedruckten Linien ziehen, ohne anzuhalten oder diese zu berühren. Ich nahm den Stift und dachte: „Das ist aber leicht!“ Das Dumme war nur, daß die Linien immer enger wurden. Ich wollte sie nicht berühren, aber je mehr Mühe ich mir gab, desto schwieriger wurde es. Der Stift gehorchte mir einfach nicht. Er schlug mal nach oben, mal nach unten aus, und meine Striche wurden ganz krakelig. Manchmal gelang mir der Strich bis zur Mitte der Seite ganz gut. Ab dann aber kam es mir vor, als ob der Stift nicht mehr weiter wollte. Frau Liander sagte dann: „Zieh!“ Ich kam richtig ins Schwitzen. Ich hielt den Stift fest umklammert. Ich strengte mich richtig an, aber es wurde immer schwieriger, den Strich bis ans Blattende zu ziehen. Die Zacken meiner Striche wurden immer größer.

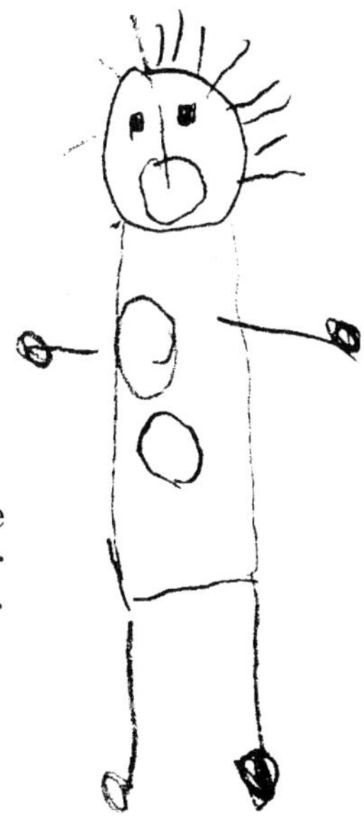

Abb. 7: 5;5 Jahre

Ab und zu sah ich zu Tim rüber. Der machte sich natürlich nicht so viel Mühe wie ich, sondern malte einfach über die Linien in

[8] Frostigs Entwicklungstest der visuellen Wahrnehmung (FEW)

Abb. 8: 5;5 Jahre

seinem Buch hinweg. Dabei redete er pausenlos und rutschte dauernd auf seinem Stuhl hin und her.

Ein Blatt im Malbuch war leer. Darauf sollten wir uns selbst malen. Ich malte mich mit einem großen Kopf und einem schönen Gesicht. Tim zeichnete sich, als ob er schwebte. Ich aber hatte mir alles gut überlegt und malte mich mit schönen langen Beinen und Armen. Frau Liander sah sich meine Zeichnung an und sagte: „Die Arme gehen ja von den Beinen aus." Da malte ich ganz schnell noch den Bauch dazu.

Nun sollten wir auf dem nächsten Blatt Gegenstände „umreißen". Erst dachte ich, das sei schwer, aber die eine Seite war ganz leicht. Frau Liander zeigte eine Karte, mit einem Kreis, den mußten wir dann umreißen, obwohl er sich hinter einem Kasten versteckt hatte. Die Gegenseite war nur für Große, da kam ich gleich bei den Sternen durcheinander, die waren übereinander gemalt. Auf den nächsten Seiten mußten wir Kreise und Quadrate mit dem Stift umfahren.

Danach hatte Tim aber die Faxen dicke, und wir tobten erst einmal im Raum herum. Ich aber war doch neugierig auf den Schluß des Malbuchs. So setzte ich mich wieder hin und wollte auch die letzten Seiten des Buches bearbeiten. Doch die Aufgaben dort waren total schwer. Auf einer Seite mußte man nämlich den Gegenstand ankreuzen, der in einer Reihe gleicher Gegenstände falsch herum stand. Auf der nächsten Seite mußten wir den Gegenstand ankreuzen, der richtig herum stand. Die falschen Gegenstände fanden wir heraus, was aber war nun „richtig" ? Nein, wie das gehen sollte, kriegte ich in meinen Schädel einfach nicht mehr rein. Ich sah Tim an, der inzwischen auch wieder in sein Malbuch guckte. Er konnte die Aufgaben auch nicht. So machten beide einfach irgendwo Kreuze.

Auf den letzten Seiten des Buches mußte man Punkte verbinden. Das war so verwirrend, daß Tim und ich wirklich keinen Bock mehr hatten. Wir waren so genervt, daß wir einfach alle Punkte miteinander verbanden, ohne auf die Vorlage zu achten.

Meine Mutter fragte beim Abholen sofort Frau Liander: „Wie war er?“ Frau Liander sagte, sie müsse den Test erst auswerten. Ich dachte: Warum fragt meine Mutter immer? Frau Liander sagt sowieso nichts. Selbst dann verrät sie uns nicht, wenn wir mal nicht aufräumen wollen.

Sehen und Verstehen öffnen neue Wege

Marvin: Wenn ich von Frau Liander komme, fühle ich mich richtig wohl. Meine Mutter auch, glaube ich. Wir sind dann beide ganz fröhlich. Am Wochenende blieb ich bei Oma und Opa, denn meine Eltern wollten zu einer großen Party; mein Onkel wurde 30 Jahre alt. Ich fahre eigentlich ganz gerne zu Oma und Opa, nur das Küssen auf den Mund von Oma finde ich gar nicht schön. Aber das muß bei Omas wohl so sein.

Mama und ich kamen also an, und dann erzählte Mama meiner Oma, daß ich zur Mototherapie gehe und daß ich mich schon etwas verändert habe. Oma meinte, das sei sowieso alles Unsinn. Ich sei doch immer so lieb, was meine Mutter denn wolle. Da wurde meine Mutter richtig heftig. Sie sprach von Selbstbewußtsein, Durchsetzungsvermögen, Entwicklung der Persönlichkeit und solchen Sachen, von denen ich gar nicht wußte, was sie bedeuteten. Sie hatte echt Zoff mit Oma.

Nachdem meine Mutter weg war, machte Oma erstmal Spaghetti mit Tomatensoße. Danach gab es Schokoladenpudding und Coca-Cola. Nach dem Essen guckte ich aus dem Küchenfenster und sah die Kinder draußen spielen. Ich war noch nie alleine nach draußen gegangen. Dafür hatte ich viel zuviel Angst. Oma sah meine Blicke und sagte: „Geh doch mal raus." Das sagt sie jedes Mal, obwohl ich genau weiß, daß sie erwartet, daß ich trotzdem im Haus bleibe. Sie macht dann Spiele mit mir, oder wir gucken zusammen Fernsehen. Das hat mir bisher auch immer gut gefallen. Aber irgendwie wurde ich an diesem Tag kribbelig. Ich wippte auf dem Sofa und rannte hin und her. Es machte mir diesmal einfach keinen Spaß, den ganzen Nachmittag still zu sitzen. Gott sei Dank kam Opa endlich.

Meine Oma erzählte ihm die Sache mit der Mototherapie. Er schmunzelte dabei nur vor sich hin. Opa nahm mich mit in seinen Arbeitskeller. Er gab mir einen Hammer, und ich durfte ganz lange auf einem Brett herumhämmern. Ich durfte ihm auch noch helfen, schwere Gegenstände von der Wand zu rücken, denn wir wollten ein Regal anbringen, das Opa gebaut hatte. Oma rief leider viel zu früh zum Abendessen. Als wir die Kellertreppe hochgingen, sagte Opa, daß er stolz auf mich war, weil ich ihm so tüchtig geholfen hatte. Da freute ich mich.

Der Großvater: Wir haben drei Kinder, alle gut geraten. Marvin war unser erstes Enkelkind. Vielleicht war das der Grund, warum vor seiner Geburt ein Aufstand gemacht wurde, als ob ein Prinz zur Welt käme. Früher hat man um die Geburt eines Kindes nie so viel Theater gemacht. Meine Frau tat beinahe so, als wenn sie selbst die Mutter sei. Sie bestand darauf, sich um alles zu kümmern. Als bei meiner Schwiegertochter auch noch vorzeitige Wehen während der Schwangerschaft auftraten, wurde diese nur noch geschont.

Mein Sohn war bei der Geburt dabei. Diese hatte zwar lange gedauert, aber ich wäre damals nie auf den Gedanken gekommen, daß es bei der Geburt Komplikationen gegeben hätte, denn der Marvin war wirklich proper.

Allerdings war er schon ein bißchen anders als andere Kinder. Er war ein richtiger Spätentwickler. Aber mit meiner Frau war darüber überhaupt nicht zu sprechen. Sie regte sich vielmehr über unsere Schwiegertochter auf, wenn diese Bedenken wegen der Ungeschicklichkeit und Langsamkeit unseres Enkelkindes äußerte.

Die Frauen waren wirklich inkonsequent. Auf der einen Seite nahmen sie Marvin jede Hürde ab und verwöhnten ihn auf Teufel komm raus, auf der anderen Seite wollten sie mit ihm glänzen. Ich hatte oft den Eindruck, sie hatten das Kind zu ihrem Werkzeug gemacht. Bei Familienfesten wurde unser Marvin herausgeputzt, er sollte artig sein, aber nicht zu still, denn er sollte ja mit der Verwandtschaft sprechen. Marvins Reaktion war, daß er die Schotten dicht machte. Er verkroch sich in eine Ecke, sagte keinen Ton, ließ sich nicht anfassen, zeigte keine Freude über Geschenke, wirkte bockig. Ich konnte mich ganz gut in den Jungen hineinversetzen. Ich hasse Verwandtschaftstreffen ebensosehr, ganz im Gegensatz zu meiner Frau, die in der Bewirtung ihrer Gäste ganz aufgeht. Sie kann nun mal einfach gut kochen und backen und will das auch jedem zeigen.

Während des Essens legt sich ja immer der Geräuschpegel, und Marvin war in solchen Momenten auch ein wenig entspannter.

Wenn jedoch danach die Gespräche in voller Lautstärke wieder aufgenommen wurden, Alkohol und Zigarettenrauch die Luft schwer machten, schnappte ich mir mein Enkelkind und genoß mit ihm die Zweisamkeit. Wir gingen in den nahegelegenen Wald und suchten Stöcke, mit denen Marvin dann heftig auf Baumstümpfe einschlug. Er schleppte gern schwere Steine und krabbelte auf allen vieren. Ich ließ ihn gewähren, in meinem Alter ist man schon mal ein bißchen gelassener. Klar schimpften die Frauen, wenn Marvin zu dreckig nach Hause kam, aber was putzten sie ihn auch so heraus.

Ich merkte, daß das Kind draußen glücklich war. Marvin sprach dann mit mir, wurde richtig aufgedreht und fröhlich, manchmal schrie er aus vollem Herzen. Ich konnte mit ihm mitfühlen. Wenn mir alles zu viel wird, schotte ich mich auch ab. Ich verziehe mich dann in meine Werkstatt, denn dort habe ich Ruhe, kann meinen Gedanken nachhängen. Den Kleinen nahm ich gerne mit, denn die Werkstatt schien auch ihm zu gefallen. Er hämmerte kräftig auf Holzstücken herum und schob gern schwere Gegenstände. Auch sich im Garten zu beschäftigen, gefiel ihm. Er schleppte gerne Gießkannen mit Wasser oder schob die Schubkarre.

Als Marvin eines Tages mit der Idee ankam, ein Vogelhaus zu bauen, war ich doch überrascht. Es fing damit an, daß er einen „Plan“ für sein Vogelhäuschen haben wollte. Ziemlich knifflige Angelegenheit. Er war gedanklich voll bei der Sache und stellte Fragen, die mich in Erstaunen versetzten. Im Grunde traut man 5jährigen Kindern viel zu wenig zu.

Unser Vogelhaus wurde krumm und schief, weil ich Marvin viele Arbeiten selbst ausführen ließ. In seinen Augen aber war es das schönste Vogelhaus, das es je gab. Ich wunderte mich immer wieder über die Phantasie, die er beim Bauen entfaltete. Er sprach ununterbrochen. Die Wortstellung im Satz war zwar nicht immer korrekt, aber was soll's.

Wir haben später ein Vogelbuch gekauft, und ehrlich gesagt, konnte er nach kurzer Zeit die Vögel besser unterscheiden als ich.

Marvin: Einmal war ich platt, als ich in den Kindergarten kam. Denn meine Erzieherin sagte, daß Frau Liander von der Praxis für Mototherapie kommen wollte. Und zwar meinetwegen. Das war ja toll! Ich setzte mich still an einen Tisch und wartete. Als Frau Liander schließlich kam, ging sie jedoch nicht erst zu mir, sondern verschwand mit der Erzieherin im Büro. Ich war ganz gespannt, wann sie wohl zu uns in die Gruppe kam. Das Gespräch im Büro dauerte lange. Als ich schon gar nicht mehr damit gerechnet hatte, kamen die Erzieherin und Frau Liander doch noch in unsere Gruppe. Frau Liander sagte: „Da bist Du ja, Marvin," und setzte sich neben mich. Sofort kamen die anderen Kinder und wollten wissen, warum Frau Liander da war. Sie fragte nach unseren Zeichnungen. Wir bekamen von unserer Erzieherin unsere Mappen, in denen unsere Zeichnungen und Basteleien gesammelt waren. Wir guckten uns alle zusammen die Zeichnungen an. Frau Liander interessierten am meisten die Menschzeichnungen, und sie achtete sehr auf die Farben.

Meine Mappe war ganz dünn. Ich weiß ja, daß ich nicht so gut malen kann, deswegen nehme ich am Ende meist einen schwarzen Stift und verkritzele alles, was ich gemalt habe. Das machen andere Kinder auch. Frau Liander sah auf mein Gekritzel und sagte, schwarz sei die Farbe der Trauer. Vielleicht nehme ich deshalb den schwarzen Stift, weil ich traurig bin, daß ich nicht malen kann. Eigentlich schäme ich mich auch dafür. Aber es soll keiner sehen, daß das Malen bei mir nicht klappt.

Die Zeichnungen der Kinder waren sehr unterschiedlich. Die Mädchen konnten viel schöner malen als die Jungen. Frau Liander sagte, daß viel mehr Jungen in ihre Praxis kämen als Mädchen. Das stimmt, denn ich habe bei Frau Liander nur ganz wenige Mädchen gesehen.

Nachdem Frau Liander die Zeichnungen genau betrachtet hatte, machten wir noch einen Besuch in der Turnhalle. Einmal in der Woche turnen wir. Es dauert immer ziemlich lange, bis wir alle umgezogen sind. Den meisten Kindern macht das Turnen Spaß. Sie beherrschen die Übungen nämlich. Raphael und ich sind immer die letzten, manchmal werden wir auch umgerempelt. Meist drängeln sich die anderen Kinder vor und sagen: „Marvin, du alte Flasche, beeil dich doch mal!" Wir müssen immer in einer Reihe stehen, ist ja klar, jeder will schließlich mal drankommen.

Manchmal wird eine schmale Bank in die Sprossenwand eingehängt. Wir müssen die Sprossenwand hochklettern, uns auf die Bank setzen und 'runterrutschen. Mir ist immer angst und bange, wenn ich mich umdrehen soll, um auf die Bank zu kommen. Meine Arme und Beine gehorchen mir dann einfach nicht. Wenn mir die Erzieherin nicht helfen würde, ginge es gar nicht. Das Loslassen der Sprossenwand fällt mir immer sehr schwer, weil ich denke, ich falle hin und tue mir weh.

Am meisten hasse ich Spiele, bei denen man sich vor, neben oder hinter einen Reifen stellen soll. Ich kann mir das gar nicht richtig vorstellen, was ich da machen soll, und schon bin ich der Letzte. Wenn wir von einem kleinen Kasten 'runterspringen sollen, falle ich meist vornüber. Außerdem ist es immer so laut in der Halle, wenn wir turnen.

Das Anziehen am Ende der Turnstunde ist schrecklich, denn wenn ich mich schnell anziehen soll, klappt es überhaupt nicht. Ich finde einfach das Ärmelloch nicht so schnell. Machmal verdrehe ich das T-Shirt so, daß ich dann mit dem Arm aus dem Kopfloch herauskomme. Ich brauche halt Ruhe, um mir zu überlegen, wie ich in die Sachen reinkomme. Nicht immer: „Schnell, schnell". Die Erzieherin hilft mir meist, aber da sind auch noch jüngere Kinder, denen sie helfen muß.

Wir waren 5 Kinder, die Frau Liander und die Erzieherin in die Turnhalle begleitet hatten. Wir begannen sofort zu rennen und zu toben. (Die Erzieherin sagte zu Frau Liander, sie hätten zu wenig Geräte.) Wir zogen einen kleinen Kasten in die Mitte, legten eine dicke Matte schräg daran, andere Matten drumherum und ab ging die Post. Wir krabbelten die wackelige Matte rauf und runter, rutschten, sprangen und rollten. Wir waren ganz wild. Ich hörte, wie die Erzieherin sagte: „So habe ich Marvin noch nie gesehen, der ist ja ganz mutig". „Tja", sagte Frau Liander, „der Marvin wird sich zu einem ganz wilden Kind entwickeln, er wird ihnen noch über Tische und Bänke gehen." Unsere Erzieherin guckte Frau Liander ganz ungläubig an und sagte: „Das glaube ich nicht! Niemals!" Da zwinkerte mir Frau Liander mit einem Auge zu, und ich mußte grinsen.

Die Erzieherin und Frau Liander quatschten ununterbrochen miteinander. Dabei hatte Frau Liander immer ein Auge auf uns.

Na, das kannte ich ja schon. Als Frau Liander dann ging, kamen sofort die anderen Erzieherinnen zu uns. Ich hörte, wie sie miteinander sprachen. Ich hörte etwas von der Möglichkeit, daß unsere Turnhalle nun täglich für kleinere Gruppen geöffnet werden sollte. Es fiel auch das Wort „Bewegungsbaustelle“[9]. Keine Ahnung, was das heißt. Unsere Erzieherin erzählte außerdem, daß Frau Liander sie in die Praxis eingeladen hätte. Sie tuschelten noch ganz lange untereinander.

Wir ziehen uns jetzt immer alleine im Umkleideraum an. Nur Frau Liander und manchmal Frau Hagedorn mit den zwei anderen Kinder sind dabei. Unsere Mütter müssen draußen warten. Das kam nämlich so:

Jedesmal, wenn seine Mutter auftauchte, fing Tim an zu schreien: „Ich will, daß Du mich anziehst!“ Er rief das selbst dann, wenn er schon halb angezogen war. Alle anderen Kinder wollten dann natürlich auch von ihren Müttern angezogen werden. Wenn Frau Liander in den Umkleideraum kam und die Mütter vor uns knien sah, guckte sie völlig entsetzt. Eines Tages reichte es ihr.

Wir hörten einmal etwas früher mit dem Turnen auf und begannen, uns anzuziehen. Als Tims Mutter kam und Tim wieder schrie, schickte Frau Liander seine Mutter einfach wieder weg. Tim brüllte wie am Spieß, dabei beobachtete er uns, wie wir uns anzogen. Bei mir ging es zwar noch langsam, aber immer besser. Wir machten unser neues Spiel: „Nicht reden“, denn man kann nur eins, entweder reden oder sich anziehen. Selbst Frau Liander verständigte sich mit uns nur über Augen- und Fingersprache. Tim beteiligte sich dann an unserem Spiel. Und siehe da, ohne daß er es merkte, war er auch schon angezogen.

Danach waren wir alle sehr stolz. Erstens wir Kinder, weil wir es alleine geschafft hatten, uns anzuziehen. Zweitens die Mütter, weil sie so selbständige Kinder hatten und drittens Frau Liander. Denn die sagt unseren Müttern dauernd, es komme doch überhaupt nicht darauf an, ob das Hemd noch aus der Hose gucke oder die Jacke falsch zugeknöpft sei.

[9] Vgl. Miedzinski, 1989.

Nur die Schnürsenkel kann keiner von uns zu einer Schleife binden. Aber Frau Liander sagt, das sei zur Zeit sowieso noch zu früh. In der nächsten Stunde müßten wir erst einmal das Knoten üben. Au Backe, das konnte ja heiter werden.

Bevor wir gingen, sagte Frau Liander zu meiner Mutter: „Na, dann bis Montag. Denken Sie bitte an das Elterngespräch, und bringen Sie Ihren Mann mit.“

Ich war ganz erstaunt, daß mein Vater gar keinen Zoff mehr mit meiner Mutter machte, als er zum Elterngespräch mitgehen sollte. Oma war gekommen, um auf mich aufzupassen. Sie staunte, als sie meine Burg sah, die ich aus *Play-Mobil* gebaut hatte. Sie sagte: Seit wann spielst Du denn mit *Play-Mobil*? Du wolltest doch sonst immer diese *Power Ranger* haben.“ Tja, ich wußte auch nicht, wie das kam.

Als meine Eltern vom Gespräch mit Frau Liander wiederkamen, waren sie echt locker drauf. Papa sagte, daß er sich nun vieles erklären könne, und Mama hätte eigentlich recht gehabt, mich bei der Mototherapie anzumelden. Oma sagte gar nichts.

Der Vater: Wenn ich so über die Beziehung zu meiner Frau nachdenke, muß ich eingestehen, daß meine Frau und ich uns in der letzten Zeit fremd geworden waren. Mir ging die ganze Sache mit unserem Jungen schon ziemlich an die Nerven. Nicht nur, daß Marvin mir an sich schon Sorgen bereitete, nein, ich bekam zunehmend den Eindruck, daß sich aus den Problemen mit unserem Sohn regelrecht eine Ehekrise entwickelte.

Nachdem die erste Kindergartenzeit, in der Marvin jeden Morgen anfing zu heulen, wenn er das Haus verlassen sollte, überwunden war, dachte ich, daß er nun endlich aus sich herausgehen würde und das Kind werden würde, das ich mir immer erträumt habe. Aber nichts dergleichen geschah. Im Gegenteil, er wurde immer anhänglicher, und außerdem schien es mir, als wenn er immer trauriger würde.

Den Kinderarzt hatte meine Frau auf eigene Faust gewechselt. Wir selbst hatten in letzter Zeit wenig über unsere Probleme gesprochen. Die Empfehlung des Arztes, daß Marvin zur Mototherapie gehen solle, verschlug mir fast die Sprache, aber meine Frau entwickelte auf einmal soviel Eigeninitiative, daß Protest zwecklos war.

Jedesmal, wenn Marvin und meine Frau von der Therapiestunde kamen, waren sie entspannt, ja geradezu beschwingt. Der Junge freute sich unbändig auf jeden Therapietag, und das, obwohl er sich doch, wie meine Frau sagte, in der Testphase befand. Was mir sehr gut gefiel, war, daß die Tests nicht so Knall auf Fall durchgeführt wurden. Marvin jedenfalls schien von ihnen gar nichts gemerkt zu haben. Er sprach von einer Zauberkiste und einem Malbuch. Die Aufgaben, die er zu lösen hatte, hatten ihm offensichtlich sogar Spaß gemacht.

Marvin veränderte sich durch die Therapie schon nach kurzer Zeit. Er wurde richtig „wibbelig". Er drückte sich auf unserer Polstergarnitur herum und rannte beständig hin und her, oft hing er an der Wohnungstür oder schaute aus dem Fenster. Er wollte raus, er traute es sich allerdings noch nicht zu, auf der Straße mit den Nachbarskindern zu spielen.

Als meine Frau eines Tages sagte, wir hätten ein Elterngespräch in der Praxis für Mototherapie, ging ich gerne mit, um mir selbst ein Bild von der Sache zu machen. Als wir in der Praxis angekommen waren, begrüßte uns Frau Liander und zeigte uns die Therapieräume, genauer gesagt: die Bewegungsräume.

Im Laufe des Gesprächs erfuhren wir, daß Veranlagung, die vorgeburtliche Phase wie auch der Geburtsvorgang mit der Entstehung und Ausprägung von Marvins Motorik- und Verhaltensstörungen zusammenhängen könnten. Ich gab mir deshalb große Mühe, den Geburtsvorgang, bei dem es zu der Blaufärbung des Kindes kam, so detailliert wie möglich darzustellen. Weiterhin wurde Marvins Entwicklung im Kleinkindalter erfragt, und sogar die Ernährung[10] wurde angesprochen.

Frau Liander reichte uns einen Fragebogen[11], dessen Fragen wir zusammen durchgingen und den wir zu Hause ausgefüllt hat-

[10] Tants, 1987.

[11] Elternfragebogen zur Verhaltensbeobachtung von Jean Ayres.

ten. Außerdem erläuterte uns Frau Liander die Tests und deren Ergebnisse.

Ich weiß nicht, woran es lag, aber ich hatte den Eindruck, als hätten sich bei meiner Frau und mir emotionale Schleusen geöffnet. Wir begannen zu erzählen von den in letzter Zeit aufgestauten Sorgen, von unseren Befürchtungen, daß Marvin die Regelschule nicht schaffen könnte, aber auch von unserem Eindruck, daß er nicht dumm sein könne, da er viele Zusammenhänge begreife und ein gutes Gedächtnis habe. Nur die alltäglichen Dinge, wie korrektes Anziehen, sauberes Essen, Sachen-Wiederfinden, Malen, selbständiges Spielen, Kontakte zu anderen Kindern knüpfen oder sich Fremden gegenüber Durchsetzen, bereiteten ihm Schwierigkeiten. Wir erzählten, daß Marvin so kraftlos wirke, oft traurig sei, körperlich nicht mit anderen mithalten könne, kein Selbstbewußtsein hatte. Die Frage, ob Marvin eine Trotzphase gehabt habe, mußten wir verneinen.

Meine Frau und ich kamen uns bei diesem Gespräch schon sehr nahe. Wir hatten beide die Auffälligkeiten beobachtet, nur hatten wir nicht offen über unsere Befürchtungen gesprochen, sondern uns selbst die Schuld an diesem Anderssein gegeben. Das wurde uns nun klar.

Mein bisheriger Ärger über Marvins Verhalten hat sicher auch mit meiner eigenen Biographie zu tun. Ich konnte mich nämlich noch gut an meine eigene Kindheit erinnern. Ich selbst war früher ähnlich gewesen wie Marvin. Ich war auch unbeholfen, durfte beim Fußballspielen nur ins Tor, weil ich nicht gut genug für die Mannschaft war. Ich hatte dabei aber großen Spaß, mich in die Ecken zu hechten und lag viel öfter auf der Erde, als ich mußte. Meine Schüchternheit überwandt ich durch meine große Klappe, mit meiner Ungeschicklichkeit muß ich auch heute noch leben.

Wir sprachen sehr lange mit Frau Liander. Wir konnten uns bislang nicht vorstellen, daß es noch viele Kinder gab mit denselben Auffälligkeiten, wie Marvin sie hatte. Daß es sogar entsprechende Tests gab, daß Wissenschaftler sich mit diesem Phänomen auseinandergesetzt hatten, überraschte uns völlig. Wir waren immer davon ausgegangen, daß unser Kind einmalig sei und daß wir die Schuld an seiner Andersartigkeit hätten. Frau Liander erklärte uns, daß man Marvins Auffälligkeiten als Motorik- und Wahrnehmungsstörung einordnen könne und daß es dafür spezifische Behandlungsmöglichkeiten gebe. Das machte uns Mut.

Anhand einer Serie von Menschzeichnungen ein und desselben Kindes innerhalb eines Jahres wurde uns der Entwicklungsverlauf und die deutliche Veränderung des Kindes sichtbar.

Menschzeichnungen als Ausdruck von Entwicklungsphasen

Wie jeder Mensch hat das Kind ein unbewußtes Wissen über seinen Körper, das sogenannte „Körperschema“.

Wenn Kinder spontan sich und ihren Körper zeichnen, fließen dabei immer das individuelle und unverwechselbare Erleben ihres eigenen Körpers und ihr Körperschema mit ein. In Kinderzeichnungen ist das Körperbild und seine Stellung im Raum auch Ausdruck dessen, wie das Kind sich selbst und seine Umwelt wahrnimmt, bzw. welche emotional affektive Grundeinstellung das Kind zu sich selbst und seinem Umfeld hat.

Besonders aufschlußreich sind Kinderzeichnungen, wenn man sie unmittelbar im Anschluß an motorische Aktivitäten anfertigen läßt. Dann greifen Kinder nämlich nicht auf angelernte Klischeebilder zurück, sondern lassen sich unmittelbar von ihren Gefühlen und Empfindungen leiten.

In den Menschzeichnungen spiegelt sich auch der von der Mototherapie bewirkte Heilungsprozeß.

Die Wiederherstellung der Bewegungs- und Wahrnehmungsfähigkeit und der gleichzeitige Aufbau eines tragfähigen Sozialverhaltens verläuft in der Regel in vier Phasen:

- Eingangs- oder Öffnungsphase
- Chaos-Phase
- Regulationsphase
- Konstruktive Phase

In jeder Phase lassen die Zeichnungen der Kinder spezifische Ausdrucksformen und Gestaltungsmerkmale erkennen, in denen sich erkennbar die veränderte Selbstwahrnehmung der behandelten Kinder abbildet.

Abb. 9: Öffnungsphase (5;5 Jahre)

In dieser Phase werden die Menschen entweder schematisiert oder oberflächlich und flüchtig gezeichnet, oft von unten nach oben. Einzelne Körperteile fehlen oder werden willkürlich an irgend einer Stelle angehängt. Die Kinder wirken beim Zeichnen zaghaft oder verkrampft.

Abb. 10: Chaos-Phase (5;10 Jahre)

In den Zeichnungen kann man kaum noch Menschen oder Körper erkennen. Es scheint so, als ob sich das Körperbild der Kinder auflöse. In dieser Phase sind die Kinder nur mit einiger Mühe dazu zu bewegen, sich zu zeichnen; sie neigen dazu, sich zu verweigern oder ihre Zeichnungen zu verkritzeln.

Abb. 11: Regulationsphase (6;2 Jahre)

In dieser Phase beginnen die Kinder wieder, von sich aus zu malen. Die gezeichneten Menschen nehmen wieder Gestalt an. Die Körper werden detailgetreu gezeichnet. Die dargestellten Menschen haben jedoch keine Bodenhaftung und schweben gewissermaßen im Raum. Haus und Baum werden in der Regel nur angedeutet, sind für die Kinder nur von untergeordneter Bedeutung.

Abb. 12: Konstruktive Phase (6;4 Jahre)

Die Menschen werden in einem wirklichkeitsgerechten Verhältnis zu ihrer dinglichen und manchmal auch sozialen Umwelt gezeichnet. Sie haben Bodenhaftung. Die Zeichnungen werden detailreicher und zeigen vielfach deutlich mehr als die gewünschte Haus-/Baum-/Menschzeichnung.

Zum Abschluß des Gesprächs konfrontierte uns Frau Liander mit der Frage, ob wir die Behandlung auch wirklich wollten, denn wir müßten uns darüber im klaren sein, daß die Therapie nicht nur Auswirkungen auf das Kind, sondern auch auf die Familie und das soziale Umfeld haben werde. Aber meine Frau und ich waren uns einig: Wir wollten.

Marvins Sprachauffälligkeit – der Verdrehung von Wörtern im Satz, vornehmlich wenn er aufgeregt war – maß Frau Liander keine so große Bedeutung zu. Von einer Sprachtherapie zum jetzigen Zeitpunkt riet sie ab, wir sollten abwarten, wie sich die Sprache weiter entwickeln werde. Frau Liander empfahl uns, Marvin nicht dauernd zu verbessern. Sofern sich die Sprachprobleme im Laufe der Mototherapie nicht verlieren würden, sollte eine Sprachtherapie als Anschlußbehandlung durchgeführt werden.

Wir besprachen, wie wir Marvins Bedürfnissen in nächster Zeit besser nachkommen konnten. Frau Liander riet uns, das Kinderzimmer umzugestalten, damit der Junge die Möglichkeit erhalte, viele Körpererfahrungen zu machen. Es würden weitere Elterngespräche stattfinden. Sie werde uns nach und nach mit Informationsmaterial versorgen, damit wir den Entwicklungsprozeß unseres Kindes besser nachvollziehen könnten. Dieser Prozeß allerdings sei nicht von heute auf morgen zu vollziehen, wir sollten uns auf mindestens ein Jahr Behandlungsdauer einstellen.

Im neugestalteten Umfeld von der Selbstwahrnehmung zum Selbstbewußtsein

Für den Therapieerfolg ist es von entscheidender Bedeutung, wie und mit welchem Verständnis die Eltern und das weitere soziale Umfeld auf die Behandlung reagieren. So wird beispielsweise die Wirksamkeit der Mototherapie durch eine positiv veränderte Grundhaltung der Eltern dem Kind gegenüber, durch eine zweckmäßige (reizarme) Umgestaltung der Kinderzimmer und ggf. durch eine Umstellung der Ernährung nachhaltig verstärkt.

Die Erzieherin: Ich hatte meine neue Arbeitsstelle im Kindergarten nach den Sommerferien angetreten. Ich war über die Stelle sehr froh, denn der Kindergarten war großzügig gebaut, und die Kinder hatten viel Platz. Meine Kolleginnen waren zudem nett, und sie erzählten mir, daß die Kindergartenleiterin sehr aufgeschlossen sei – eine Einschätzung, die sich später bestätigen sollte.

Ich übernahm eine Gruppe mit 25 Kindern – eine solche Anzahl ist ja heute normal – und machte mir erst einmal ein Bild von ihnen. Mit Marvin gab es jeden Morgen Schwierigkeiten. Er weinte laut und klammerte sich an seine Mutter. Sobald diese sich auf meinen Rat hin entfernt hatte, hörte er auf zu weinen und wurde zu einem stillen Beobachter. Marvin war ansonsten nie unangenehm, er störte nicht, er war ruhig und in sich gekehrt. Er wirkte dabei allerdings traurig, mußte zu allen Tätigkeiten angeregt werden und sagte zu allem: „Ich das nicht kann." Er hatte kein Durchsetzungsvermögen, konnte sich nicht wehren. Beim Turnen fiel er durch seine Unbeholfenheit auf. Er verweigerte oft das Malen oder verkritzelte seine Bilder. Seine Mutter war sehr besorgt und fragte dauernd, ob er zurechtkäme. Wenn ich ihr dann sagte: „Marvin macht selten etwas mit", war sie völlig fertig. Eines Tages kam sie freudig erregt in den Kindergarten und sagte zu mir: „Marvin ist bei der Mototherapie angemeldet." Er kommt nun dienstags morgens nicht mehr in den Kindergarten.

Ich komme aus dem süddeutschen Raum, und dort ist Mototherapie noch weitgehend unbekannt. Ich fragte erst einmal meine Kolleginnen nach dieser Behandlungsmethode, denn aus deren Gruppen gingen auch Kinder in die Praxis für Mototherapie. Das waren aber meist Kinder mit motorischer Unruhe, wie ich erfuhr. Meine Kolleginnen sagten übereinstimmend, daß diese Kinder ihr Verhalten und ihre Selbsteinschätzung durch die Therapie deutlich verbessert hätten. Ein so schüchternes Kind wie Marvin sei bisher noch nicht in Behandlung. Warum auch, dachte ich mir, es stört doch die anderen nicht.

Eines Tages kam ein Anruf von Frau Liander aus der Praxis für Mototherapie. Sie wollte wegen Marvin mit mir sprechen. Sie habe das Kind getestet und wolle mit mir gerne die Testergebnisse durchsprechen. Ich holte mir dafür grünes Licht von unserer Leiterin und machte einen Termin mit Frau Liander aus. Als ich Marvin von dem anstehenden Besuch erzählte, ging ein Leuchten über sein Gesicht. Ich hatte dieses Kind bis dahin eigentlich nur verschlossen erlebt.

Als Frau Liander kam, gingen wir zuerst in unser Büro. Ich war ganz erstaunt, wie viele Test- und Beobachtungsergebnisse vorlagen, denn es war doch erst ein paar Wochen her, daß die Testphase begonnen hatte. Frau Liander zeigte das Ergebnis des MOT, das ist ein Motoriktest für 4 bis 6-jährige Kinder, mit dem festgestellt werden kann, welche Motorikstörung bei einem Kind vorliegt. Es wurde auch noch Frostigs Entwicklungstest der visuellen Wahrnehmung – kurz FEW genannt – durchgeführt. Frau Liander erklärte mir anhand der Ergebnisse, wo die Störungen des Kindes angesiedelt waren. Sie zeigte mir ferner Bilder, auf denen Marvin Trampolin springt, und sie interpretierte seine Menschzeichnungen.

Nachdem mir Frau Liander die Testergebnisse erläutert hatte, war mir vieles klarer. Ich wußte nun, daß Marvin unter Motorik- und visuellen Wahrnehmungsstörungen litt. Außerdem war seine Körperwahrnehmung gestört. Er fühlte sich in seinem Körper einfach nicht zu Hause.

Frau Liander meinte, daß seine Störung möglicherweise mit seiner Geburt zusammenhänge und daß die Behandlung deshalb auf ein frühes Stadium der körperlichen Entwicklung ausgerichtet sei. Ich solle mich nicht wundern, wenn Marvin anfange, Baby zu spielen, auf dem Boden herumzukrabbeln und in der Gruppe Unruhe zu verbreiten. Er werde bald herumrennen, andere Kinder schubsen und laut und heftig werden. Am schlimmsten werde die Zeit, wenn Marvin keine Grenzen mehr akzeptieren und über einen längeren Zeitraum eine motorische Unruhe an den Tag legen werde. Die körperliche Veränderung werde, so Frau Liander, immer auch eine psychische Veränderung beinhalten. In dem Maße, in dem sich die Körperwahrnehmung verbessere und die körperliche Geschicklichkeit zunehme, würden auch sein Selbstbewußtsein und sein Selbstwertgefühl steigen. Er werde mehr Handlungskompetenz erwerben und mehr Durchsetzungsvermögen entwickeln. Ich würde irgendwann merken, daß er beginne, Spielhandlungen zu planen und ein von Gleichaltrigen akzeptierter Spielpartner zu werden.

Das war einfach alles zuviel für mich. Es erschien mir eher unrealistisch, wenn nicht utopisch. Ich konnte mir diese Veränderung bei Marvin auch in meinen kühnsten Träumen nicht vorstellen.

Sie erkundigte sich dann nach dem Ablauf unserer Turnstunden und wollte sich die Turnhalle ansehen. Sie fragte ferner, ob wir schon etwas von einer „Bewegungsbaustelle“ gehört hätten. Frau Liander kam mit mir in den Gruppenraum, um Marvin zu sehen, der schon sehnsüchtig auf sie wartete.

Frau Liander zeigte mir in der Turnhalle anschließend, wie man mit unserer Geräteausstattung im Handumdrehen Möglichkeiten schafft, die dem natürlichen Bewegungs- und Eroberungsdrang der Kindern Rechnung tragen könnten.

Zum Ende unseres Gesprächs verabredeten wir einen Besuch in der Praxis für Mototherapie. Aber ich sollte erst dann kommen, wenn ich selbst Veränderungen bei Marvin festgestellt hätte.

Marvin: Eines Tages entschied Papa, daß das Kinderzimmer umgebaut werden sollte. Es solle „reizarm“ gestaltet werden, hätte Frau Liander gesagt. Was „reizarm“ heißt, weiß ich nicht, aber bisher war mein Kinderzimmer irre bunt: Tapeten mit „Fix und Foxi“-Motiven, Vorhänge mit Autos, überall Bilder an der

Wand, die Regale waren voll mit Spielzeug aller Art, jedoch alles in Reih und Glied, und die Bettdecke hatte ein schön wildes Muster. Papa fragte Oma am Telefon nach dreiteiligen Matratzen. Sie hätten noch welche auf dem Boden, sagte sie.

Am nächsten Wochenende kamen Oma und Opa. Papa und Opa strichen die Wände meines Zimmers hell an. Oma und Mama nähten aus alten Laken Bezüge für die Matratzen. Mein Spielzeug wurde in Pappkisten verpackt und ins Regal gestellt. Ich bekam noch Decken und Kissen und zu meinem großen Glück eine Taschenlampe. Ich hatte bis dahin fast immer bei Mama in der Küche gespielt. Mein Kinderzimmer und unsere Wohnung sind immer ordentlich, tipptopp. Nun aber gefiel mir mein Zimmer richtig gut. Ich sprang dauernd vom Bett auf die Matratzen und war überglücklich.

Manchmal lag ich unter der Matratze, und Mama legte sich noch obendrauf. Wenn Papa von der Arbeit kam, machten wir erst einmal ein „Kämpfchen". Er umschloß mich dabei mit den Armen, und ich mußte dagegen drücken. Wenn ich dann selbst kräftig drückte und Papas Umklammerung nachließ, fühlte ich mich echt stark. Früher ging Papa immer sofort ins Wohnzimmer und las Zeitung. Ich finde das affengeil, daß Papa und ich jetzt viel öfter zusammen sind. Auf einmal hatte ich mehr Spaß mit Papa als mit Mama.

Mama hatte jetzt häufig mit mir zu meckern. Ich hatte manchmal eben keinen Bock, zum Essen zu kommen, wenn ich gerade in meiner Bude war. Ich hatte nämlich herausgefunden, daß man mit den Matratzen gut Buden bauen kann. Dann war ich selbst der Power Ranger, der alle besiegte. Ich konnte mir das wunderbar vorstellen und kämpfte mit anderen Power Rangern. Ich war meist der Rote. Mama kann bei so einem Spiel nicht mitmachen, denn die findet „Kämpfen" nicht gut. Aber das ist ja auch Männersache.

Wenn wir die Stunde bei Frau Liander beginnen, finde ich es absolut klasse, daß Frau Liander keine Vorschriften macht, was mir machen sollen. Der Raum ist auch jedesmal unterschiedlich gestaltet. Letztens war eine Riesenhängematte im Raum. Sie ging von einer Wand zur anderen. Die beiden Kinder von Frau

Hagedorn waren auch da, aber die störten uns gar nicht. Tim und ich kletterten in die Hängematte und ließen uns von da aus einfach auf die Matten fallen, die darunter lagen. Manchmal lagen wir in der Hängematte übereinander und hielten deren Enden zu. Da war es wieder dunkel und warm. Wir schrieen wie kleine Babies, aber nicht lange. Manchmal saßen wir auch nebeneinander und schaukelten (Abb. 13).

Abb. 13

Nun wußte ich, was ich mir zu Weihnachten wünschen konnte: eine Hängematte.

In der letzten Therapiestunde hatten wir beschlossen, wieder einmal in den Matschraum zu gehen. Wir mußten Fingerfarben, Badehose und Handtuch mitbringen. Daniel aus der anderen Gruppe wollte auch mitmachen. Null Problemo.

Als wir ankamen, hörten wir schon, daß Daniel nun doch keinen Bock hatte. Seine Mutter quaterte herum, Daniel wolle sich nicht ausziehen usw. Tim und mich störte das gar nicht. Wir zogen uns aus – auch die Badehose.

Abb. 14: Vor dem Matschen und Anmalen (5;7 Jahre)

Abb. 15: Nach dem Matschen und Anmalen

Frau Liander hatte große Tapetenstücke an den Wänden befestigt, und wir sollten darauf Bilder malen. Wir hatten große und kleine Pinsel und begannen unser Werk. Tim und ich hatten richtig Spaß daran. Ich malte Bögen und Sonnen, Tim malte Farbkleckse. Daniel zog sich dann doch aus und begann auch zu malen.

Tim und ich hatten plötzlich eine Idee, was man mit Fingerfarben noch anstellen könnte. Wir bemalten uns die Arme und Beine und wurden Power Ranger. Manchmal malten wir auch

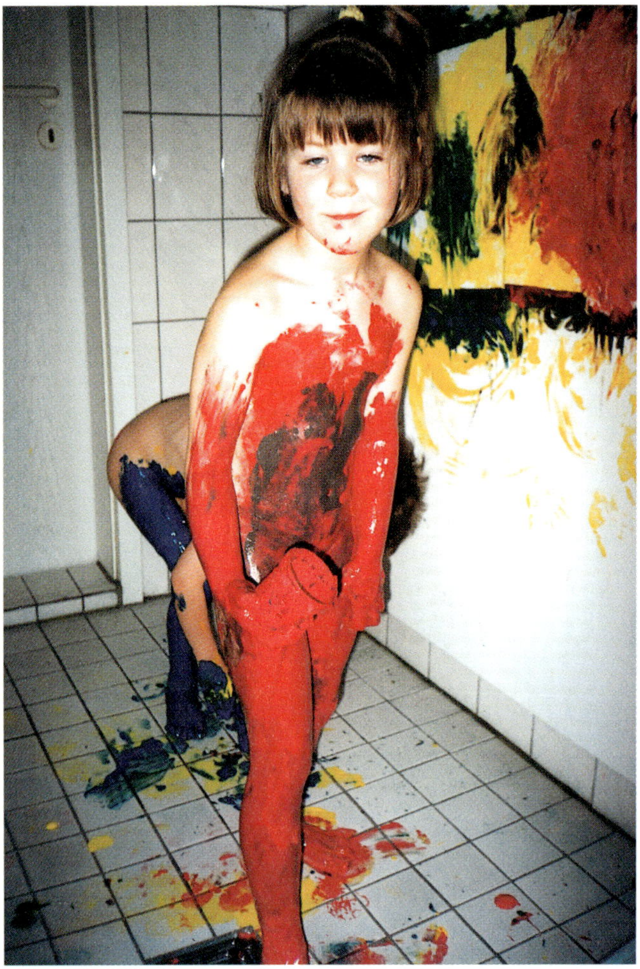

Abb. 16

Abb. 17

unser Bild weiter. Tim quatschte natürlich wieder ununterbrochen, aber ich ließ mich von seinem Gequassel nicht ablenken.

Daniel kriegte kein schönes Bild hin, malte sich nur mit roter Farbe an und setzte sich bald in die kleine Wanne mit Wasser, die im Matschraum stand, um sich abzubürsten. Macht auch Spaß, im warmen Wasser zu sitzen und sich mit unterschiedlichen Schwämmen abzuschrubben. Tim unterbrach auf einmal sein Gerede und sagte zu Frau Liander: „Es ist ganz komisch, wenn die Farbe antrocknet, kribbelt das so.“ Frau Liander hat den Tim ganz schnell abgeduscht und sich riesig darüber gefreut, daß seine Haut kribbelte. Seltsam.

Mir ist am Ende der Stunde erst richtig aufgefallen, daß ich noch mehr angemalt hatte als nur Arme und Beine, denn bei mir kribbelte beim Antrocknen der Farbe nichts. Frau Liander hat mich daran erinnert, daß ich das Anmalen meines Körpers anfangs gar nicht wollte. Das hatte ich total vergessen.

Im Umkleideraum machten wir es uns gemütlich. Daniel hatte keinen Bock sich anzuziehen, weil ihn seine Oma abholte, die ihn immer verwöhnt. Er holte sich sein Trinkpäckchen und seinen Snack. Ich zog mich ganz schnell an und las in meinem Mickey-Mouse-Heft, und Tim machte seine Show. Er hatte neue Schuhe an, machte von alleine eine Schleife, setzte seine Kappe verkehrt herum auf und holte eine Sonnenbrille aus der Tasche. Dabei fiel ihm sein Trinkpäckchen auf die Erde und platzte auf. Der ganze Saft floß über den Boden. „Kann ja mal passieren", sagte Frau Liander und half Tim beim Aufwischen. Tim fand

Abb. 18

sich trotz allem cool. Wir fanden es blöd, als unsere Mütter und die Oma von Daniel kamen. Das hat uns richtig gestört. Ach so, und Tim hat gar nicht mehr viel geredet.

Es gab einen Tag, an dem war ich davon überzeugt, daß ich nie mehr zur Mototherapie gehen würde. Die Therapiestunde an diesem Tag war eigentlich ganz schön. Wir lernten, wie man eine Sprungburg baut. Ruck, zuck war die große Matte vom Trampolin gestoßen, ein Teil hochgestellt und mit den seitlichen Laschen am Trampolin befestigt. Weil ich noch keinen Knoten konnte, mußte mir Frau Liander dann doch ein bißchen helfen. Inzwischen hatte Tim zwei dicke Gummibälle geholt und sie unter den aufgestellten Teil der Matte geschoben. Max und Fabian stellten große Matten an die Seiten und eine Bank vor die Bälle, so daß vor dem Trampolin eine Grube entstand. In die Grube wurden zum Schluß Schaumstoffteile geworfen. Damit war die Sprungburg fertig, und ab ging die Post. Wir stellten uns auf das Trampolin, sprangen von da aus in den Schaumstoffhaufen und rutschten dann die dicke blaue Matte hinab, die an das Trampolin gelehnt war. Der Höhepunkt bestand darin, daß Frau Hagedorn und Frau Liander über die blaue Matte ein Tuch spannten, in das wir hineinsprangen. Das war ein richtiger Nervenkitzel. Dieses Gefühl, zu springen und nicht zu sehen, wo man landet, war ganz aufregend. Zum Schluß haben wir sogar eine „Arschbombe" in das flatternde Tuch gemacht (Abb. 19).

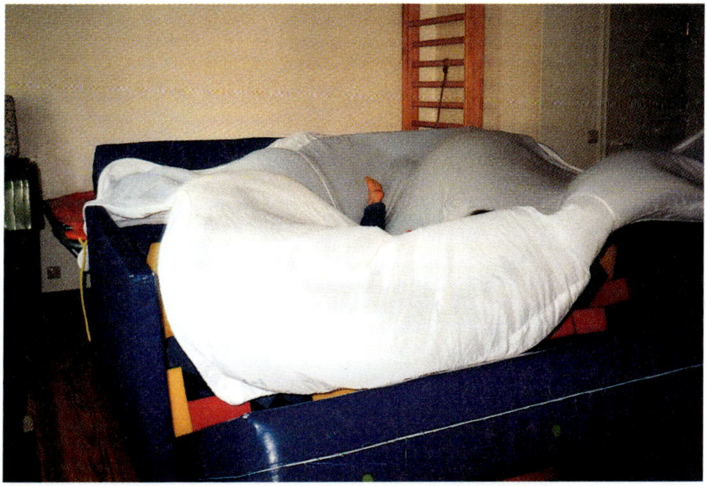

Abb. 19: „Kick"

Das Problem kam erst im Umkleideraum. Frau Liander ging ganz gegen ihre Gewohnheit raus und sagte, wir seien doch groß und sollten uns alleine anziehen. Wir kamen aber irgendwie nicht dazu, weil wir anfingen, im Umkleideraum herumzutoben. Tim wurde wieder ganz wild. Ich aber auch. Tim rückte mir immer näher auf die Pelle und begann, mich zu schubsen. Da habe ich ihm einfach gegen das Schienbein getreten, weil ich es nicht haben kann, wenn mir einer so nahe kommt. Nun war aber was los. Tim schrie: „Der Marvin hat mir ganz doll gegen das Schienbein getreten. Es tut mir sooo weh!“ Frau Liander kam hereingestürmt und war ganz streng zu mir. Das fand ich nun sehr unfair, denn ich hatte Tim nur ein bißchen gegen das Schienbein getreten, und außerdem hatte er angefangen. Ich begann ganz leise zu weinen.

Frau Liander ließ sich nun alles von uns in Ruhe erklären. Tim gab zu, daß ich gar nicht doll getreten hatte und daß es ihm nicht sehr weh getan habe. Er sei nur erschrocken gewesen, weil er von mir keinen Tritt ans Schienenbein erwartet hätte. Da sagte Frau Liander: „Marvin, Du hast dich ja das erste Mal richtig

Abb. 20

gewehrt!“ Sie nahm mich in den Arm und drückte mich ganz fest. Tim tröstete sie auch und pustete das Schienbein bis zum Fuß.

Als meine Mutter kam, um mich abzuholen, hat Frau Liander ihr gesagt, daß ich mich gewehrt hätte, dabei aber leider etwas grob geworden sei. Vielleicht weiß Frau Liander nicht, wie das ist, wenn Tim einfach nicht aufhören kann. Als ich mir später alles so überlegte, war ich richtig stolz, daß ich es Tim einmal gezeigt hatte.

Na ja, und dann dachte ich: „Vielleicht gehe ich ja doch weiter zur Mototherapie.“ Aber gefallen lasse ich mir nichts mehr.

Als ich das nächste Mal bei Oma und Opa zu Besuch war, kam das leidige Thema „Fahrradfahren“ wieder auf den Tisch. Ich hatte ein schönes, großes, neues Fahrrad zu meinem 5. Geburtstag bekommen. Zu Hause kann ich damit allerdings nicht fahren, weil bei uns vor dem Haus die Straße ziemlich steil abfällt. Ich kann das Fahrrad deshalb nur bei Oma und Opa benutzen.

Jedes Mal, wenn ich Fahrrad fahren wollte, stellte sich das Problem mit den Stützrädern ein. Mein Vater und meine Oma meinten, ich sei zu groß dafür. Ich hatte aber Angst, ohne Stützräder zu fahren. Somit blieb das Fahrrad in der Garage.

Als ich diesmal bei Oma und Opa war, spielten wieder alle Kinder draußen auf der Straße. Sie hatten die Fahrräder dabei, spielten aber auch Fangen oder rannten mit Stöcken umher. Ich hätte richtig Lust gehabt mitzumachen. Opa und ich holten mein Fahrrad aus der Garage – die Stützräder blieben dran –, und wir machten eine kleine Radtour.

Irgend etwas war diesmal anders. Obwohl die Stützräder dran waren, war das Fahrrad, bis ich richtig in Fahrt kam, so komisch wackelig. Und wenn ich um die Kurven bog, hatte ich das Gefühl, als ob ich abstoppen würde. Im Laufe der Fahrt gewöhnte ich mich jedoch daran und machte mir weiter keine Gedanken. Als wir eine Pause eingelegt hatten und wieder aufs Rad steigen wollten, sah ich, daß das Fahrrad schief auf einem Stützrad hing. Das war mir in der Garage gar nicht aufgefallen. Opa hatte einfach die Stützräder auf beiden Seiten angehoben. Ich fuhr also eigentlich ohne Stützräder, nur in den Kurven hatte ich noch besseren Halt. Opa meinte, die Frau Liander von der Mototherapie hätte ganz gute Ideen. Da mußte ich lachen.

Opa und ich suchten im Wald auch einen langen Stock, der unten etwas gebogen war. Die Kinder auf der Straße spielten nämlich Hockey, und ich würde mit einem guten Stock vielleicht ja mal mitspielen können. Wir fanden schließlich einen. Oma wollte nicht, daß der Stock in ihre Wohnung kommt. Da stellten wir ihn einfach in Opas Werkstatt.

Die Erzieherin: Marvin hatte sich tatsächlich in letzter Zeit verändert. Er nutzte jede Gelegenheit, um herumzurennen. Wir haben einen langen Flur im Kindergarten, und da düste er nun pausenlos hin und her. Ich hatte den Eindruck, daß bei ihm keine „Bremsen mehr eingebaut" waren. Er hörte erst auf, wenn ich einschritt und sagte: „Nun ist Schluß!" Genauso war es mit seinem Lachen. Er lachte manchmal derart hemmungslos, daß er die ganze Gruppe durcheinander brachte.

Als ich in die Praxis für Mototherapie kam, um den vereinbarten Besuch zu machen, war ich etwas überrascht, denn ich hatte mir die Räumlichkeiten eigentlich viel bunter vorgestellt. Es waren zwei schlicht gestaltete Turnräume vorhanden und ein sogenannter „Matschraum".

Frau Liander erklärte, daß die Kinder mit Wahrnehmungsstörungen die verschiedenen Wahrnehmungsreize nicht richtig filtern könnten, so daß das Gehirn mit der Wahrnehmungsverarbeitung überlastet sei. Es komme dann zu den unterschiedlichsten Reaktionen. Um eine Reizüberflutung zu vermeiden, sei es am besten, auf eine bunte Raumausstattung zu verzichten. So habe das Auge weniger Reize aufzunehmen und das Gehirn weniger Reize zu verarbeiten.

Den Unterschied zwischen hypotonen und hypertonen Kindern veranschaulichte mir Frau Liander am Beispiel von Marvin und Tim. Unterschiedlicher kann man sich zwei Kinder nicht vorstellen. Marvin (hypoton) wirkte seltsam schlaff und antriebsarm, Tim (hyperton) hingegen machte den Eindruck, als stehe er ständig unter Strom. Als Tim mich sah, hatte er überhaupt keine Scheu auf mich zuzugehen, ja, er schien sich über meinen Besuch sogar zu freuen.

In dem Psychomotorikraum stand ein großes Trampolin, an das eine Matte schräg angestellt war. Es hingen Ringe von der Dekke und in einer Ecke befand sich ein großer Haufen mit Schaumstoffteilen. Zudem gab es noch zwei Langbänke und eine Sprossenwand. Was Benutzungsregeln anbetraf, so existierten nur wenige: Es durfte immer nur ein Kind auf das Trampolin; das war alles.

Die Kinder benutzten die Geräte, und man sah, daß sie damit vertraut waren. Sie sprangen Trampolin, stürzten die blaue Matte hinunter, wobei sie häufig auf dem Bauch landeten oder auf ihm hinunterrutschten. Tim hing oft an den Ringen, schaukelte hin und her und konnte dabei sogar die Beine hochheben. Alles wirkte flüchtig, das Hängen an den Ringen eher verkrampft. Marvin dagegen hing wie ein nasser Sack an den Ringen. Er konnte sein Gewicht mit den Armen einfach nicht halten.

Frau Liander hatte immer beide Kinder im Auge, war stets auf dem Sprung. Anfangs wechselte Tim häufig das Gerät, mit der Zeit aber wurde er ruhiger. Marvin hingegen wurde immer munterer, so daß die Kinder nach einer halben Stunde ähnliche Verhaltensmuster an den Tag legten. Frau Liander erklärte mir, daß beide Kinder sich Basisreize geholt hätten; Tim habe seine Körperverspannung gelöst, Marvin seinen Muskeltonus aufgebaut.

Erst nach einer geraumen Weile begannen die Kinder miteinander zu sprechen. Sie wirkten locker und ausgeglichen. Außer Blickkontakt war bis dahin wenig Interaktion bei den Kindern zu spüren, dennoch entstand der Eindruck, daß die Kinder gern zusammen waren und daß Marvin von Tims Schwung mitgerissen wurde.

Die Kinder wollten im Laufe der Stunde Rollbrett fahren und Sandsäcke „kaufen“. Wieder mußte nur eine einzige Regel eingehalten werden. Diese besagte, daß kein Kind auf dem Rollbrett stehen durfte.

Nun „kauften“ die Kinder Sandsäckchen, die aus dem Materialraum geholt wurden. Sie mußten sie nach Größe, Farbe, Gewicht bestimmen. Die Kinder begannen sie zu ordnen und kamen somit in eine Spielhandlung. Dieses Spiel wurde durch die Einkäufe der Kinder strukturiert. Frau Liander erklärte den Weg der Mototherapie: Vom Aufbau der Ich-Kompetenz über die Sach-Kompetenz zur Sozial-Kompetenz.

Ich-Kompetenz = sich selbst und seinen Körper (kognitiv) erfahren und (affektiv) erleben

Sach-Kompetenz = sich an die dingliche Umwelt mit ihren Materialien, Geräten und Hindernissen anpassen sowie diese Umwelt handelnd an sich anpassen

Sozial-Kompetenz = lernen, sich an andere Personen anzupassen, dabei aber auch in echter Kommunikation eigene Bedürfnisse durchzusetzen

(vgl. Ernst J. Kiphard, Motopädagogik)

Unser Team beschäftigte sich immer wieder mit der Bedeutung der Wahrnehmung und ihrer Verarbeitung. Uns war klar, daß ein Kind die Fähigkeit haben mußte, wichtige von unwichtigen Reizen zu unterscheiden. Marvin war dazu noch nicht in der Lage. Wenn etwa der Geräuschpegel im Gruppenraum hoch war, konnte er sich nicht auf meine Stimme konzentrieren. Er bekam nicht mit, wenn ich ein Spiel erklärte oder eine wichtige Information weitergab. Er schaltete einfach ab. In dieser ruhigen Kleinstgruppe hatte er damit keine Probleme.

Mir wurde klar, daß sich Marvin noch am Anfang eines Selbstfindungsprozesses befindet. Ich hatte die positive Wechselwirkung zwischen körperlicher und psychischer Befindlichkeit elementar miterlebt.

Am Ende der Stunde sagte Frau Liander zu mir: „Marvin hat sich doch sicher vom Stubenhocker zum ‘Stubenzappel’ entwikkelt.“ Na klar, besser konnte man seinen derzeitigen Zustand nicht benennen.

Ein Kind gerät aus den Fugen

Mit der Therapie selbst verändert sich sehr bald das Verhalten auch des hypotonen Kindes. Die starke körperliche Stimulation, die das Kind während der Therapiestunden erfährt, verursacht bei ihm ein bisher unbekanntes körperliches Wohlgefühl. Und es sucht dieses Wohlgefühl auch im häuslichen Bereich. Das Kind wird ruhelos, wirkt fahrig und unkonzentriert. Selbst das vormals unauffällige, angepaßte Kind wird laut und zügellos. Das vormals schmerzunempfindliche Kind wird zu einem jammernden Bündel, das wegen jeder kleinen Schramme zu weinen beginnt. Zugleich entwickelt das Kind völlig überraschend eine Vorliebe für „Kraft“-Ausdrücke. Es versucht ganz offensichtlich, seine Grenzen auszutesten. Wir nennen diesen Behandlungsabschnitt die „Chaos-Phase“.

In dieser Phase kommen regelmäßig bei den Eltern, bei den Verwandten und Freunden, aber auch bei ErzieherInnen oder LehrerInnen Zweifel am Nutzen und Wert der Therapie auf. Deshalb ist vor allem in dieser Phase ein intensiver Dialog zwischen Eltern und TherapeutInnen zwingend erforderlich. Diese Entwicklung, in der sich das Kind einerseits aufsässig und fordernd zeigt, anderseits (vielleicht zum erstenmal) Anfassen und Schmusen zuläßt – also sehr reizoffen ist –, stellt eine Art Gratwanderung dar, die allerdings für einen erfolgreichen Therapieverlauf unverzichtbar ist.

In dieser Zeit müssen auch die Eltern ihr Verhältnis zu ihrem Kind grundlegend verändern. *Hypotone* Kinder werden solange rebellieren, bis die Eltern bereit sind, „loszulassen“, dem Kind das Recht auf eigene, unverwechselbare Entwicklung seiner Persönlichkeit einzuräumen. Für *hypertone* Kinder ist es wichtig, daß ihnen die Eltern jetzt deutlich Grenzen setzen und konsequent einhalten.

Marvin: Nun gehe ich schon ganz lange zur Mototherapie. Ich freue mich auf die Stunden, weil jede verschieden ist. Die Geräte, die in den Praxisräumen stehen, sind eigentlich immer dieselben, und trotzdem ist jede Stunde anders.

Im Turnraum können wir wild und laut sein, dürfen die Geräte wechseln, sooft wir wollen. Die Regeln, die aufgestellt wurden, damit wir uns nicht verletzen, müssen wir allerdings streng einhalten. Das ist aber nicht so schwer, denn es sind ja nur wenige.

Manchmal kommen die Kinder von Frau Hagedorn zu unserer Therapiestunde dazu, dann wird es oft kritisch. Tim, mit dem ich mich sonst gut verstehe, hängt sich dann an Max, und die beiden wollen dann alles bestimmen. Überhaupt geht es mir langsam auf den Senkel, daß immer andere bestimmen wollen, was ich tun soll. Ich mache dann einfach nicht mehr mit.

Ich finde es total doof, daß mir keiner richtig zuhört, wenn ich mal eine Spielidee habe. Aber das stimmt nicht ganz, denn jemand hört doch zu, auch wenn ich sehr leise spreche. Das ist nämlich Frau Liander.

Ich hatte die Idee. Ich wollte ein Schiff bauen, und wir alle waren Feuer und Flamme. In vier Ringe wurde ein Rutschbrett gehängt, und wir sollten die Ecken des Brettes mit Seilen an die Ringe knoten. Das hätte klappen können, da das Brett aus Latten bestand. Außer Tim konnte allerdings keiner von uns einen Knoten. Wir konnten uns überhaupt nicht vorstellen, wie aus zwei Bändern, die man übereinander legt, ein Knoten entstehen sollte. Tim und Frau Liander gaben uns viele Tips. Wir waren lange beschäftigt. Ein vernünftiger Knoten aber gelang keinem. Wir drehten und wurschtelten die Seile einfach irgendwie zusammen. Mit Hilfe von Frau Liander und Frau Hagedorn entstanden zwar Knoten, ich konnte mir trotzdem den Vorgang des Knotens nicht richtig vorstellen.

Unter das fertige Schiff wurden dicke Matten gelegt. Wir kletterten „an Deck" und bewegten uns mit dem Schiff hin und her. Dadurch begann es zu schaukeln wie bei richtigem Seegang.

Obwohl ich doch eigentlich Kapitän sein sollte, stritten sich Tim und Max um die Kapitänswürde. Mir war es egal, es spielte sowieso jeder für sich. Unser Schiff wurde schließlich noch mit Sandsäckchen beladen, die für uns die Piratenschätze waren. Als Krönung des ganzen bekam das Schiff ein weißes Segel, das so groß war, daß wir alle unter ihm verschwanden (Abb. 21).

Abb. 21

Ich erzählte natürlich gleich zu Hause, daß ich die Idee mit dem Schiff gehabt hatte. Ich berichtete alles haarklein meiner Mutter, und die machte mir den Vorschlag, ein Schiff in meinem Zimmer zu bauen. War ja alles ganz gut, aber mir fehlte eine Hängematte, auf der ich schaukeln konnte. Ein Schiff, das sich nicht bewegt, ist eben kein richtiges Schiff.

Was ich im Augenblick absolut Spitze finde: gewiegt werden wie ein Baby und Kuscheln. Ich finde es total schön, wenn mich meine Mutter ganz feste drückt. Sie hat aber nicht immer Zeit, wenn ich gedrückt werden möchte. Bei Frau Liander da ist es schön; da liegen wir manchmal alle im „Schnee“[12]. In dem können wir rumwühlen und uns darin wälzen (Abb. 22 und 23).

Gut, wenn sich keiner um mich kümmert, dann mach' ich eben Blödsinn. Manchmal spiele ich an meinem Glied oder rolle mich

[12] Verpackungsmaterial aus Mais

Abb. 22

Abb. 23

einfach hin und her, nuckle an Gegenständen und quengle herum. Meine Mutter wird dann oft ungeduldig und sagt: „Was ist mit Dir denn wieder los?“ Ich weiß es meist selbst nicht. In diesen Augenblicken kann ich einfach nicht anders sein.

Früher hat mir ganz selten was weh getan, heute tut mir jede Schramme so höllisch weh, daß ich weinen muß. Ich spiele jetzt draußen mit den anderen Kindern, denn ich habe jetzt keine Angst mehr vor ihnen. Die Großen haben starke Wörter drauf, wie „Scheiße“ und „Blödmann“ und „Arschloch“ und so was. Diese Wörter habe ich dann zu Hause selbst gebraucht. Au weia, das gab vielleicht Ärger!

Es ist schon ganz schön blöd. Auf der einen Seite möchte ich gedrückt und geschaukelt werden, auf der anderen Seite möchte ich groß und stark sein. Beides zusammen aber geht nicht.

Ich habe mal gehört, wie Mama zu meiner Oma sagte: „Marvin ist aus den Fugen geraten, ihm fehlt zur Zeit die Mitte.“ Ich habe keine Ahnung, was das heißt, ich weiß nur das eine: Wenn ich abends mit Papa mein Kämpfchen gemacht habe – er mich kräftig gedrückt hat und ich ihn auch – oder Mama meinen Rücken massiert hat oder auch wenn Opa mit mir gehämmert hat, dann fühle ich mich wohl und sage auch keine bösen Wörter mehr.

Die Mutter: Nun geht es auf Weihnachten zu, eine Zeit, vor der mich Frau Liander bereits gewarnt hatte. Sie hatte von Marvins sich entwickelnder „Reizoffenheit" gesprochen und davon, daß Marvin die Reizfülle der Vorweihnachtszeit nicht richtig verarbeiten könne und daß wir Probleme mit ihm bekommen könnten.

Einen kleinen Eindruck von drohenden Problemen erhielten wir bereits, als er von heute auf morgen nach draußen ging und mit den anderen Kindern spielte. Eigentlich war es ja schön, daß er dazu endlich den Mut gefaßt hatte, doch er kam wegen jeder kleinen Schramme nach Hause gelaufen, und das, obwohl er früher kaum Schmerz empfunden hatte. Jetzt jammerte er und ließ sich wegen jeder Kleinigkeit verbinden. Außerdem hatte er jetzt Kraftausdrücke, die wir ihm nur mühsam wieder abgewöhnen können. Zornig wurde mein Mann insbesondere, als Marvin zu seinem Opa „Arschloch" sagte. Dieser jedoch nahm die Sache mit Humor und meinte nur, daß er in Zukunft alleine in seinem Arbeitskeller werkeln müsse, denn er könne es Marvin nicht zumuten, seine Zeit mit einem „Arschloch" zu verbringen.

Mit Opa wurde Marvin stets schnell einig, denn mein Schwiegervater behält immer die Ruhe. Mich allerdings brachte Marvin ab und zu aus der Fassung, weil ich den Eindruck hatte, er wollte mich mit den blöden Wörtern bewußt ärgern.

Die Weihnachtsvorbereitungen verschlangen viel Zeit, denn in der Adventszeit war viel zu tun: Die Fenster mußten mit Weihnachtsmotiven beklebt werden, Feststräuße sollten die gesamte Wohnung verschönern, gebacken werden mußte, und jede Menge Weihnachtsfeiern standen an. In dieser Zeit wurde Marvin immer unleidlicher. Er wurde wieder mürrisch und hatte zu nichts Lust. Er konnte auch nicht raus, denn es herrschte die ganze Zeit über schlechtes Wetter. Die Folge war, daß er poltrig und übellaunig wurde. Wenn ich ehrlich bin, hatte ich auch wenig Zeit für ihn. Mein Mann mußte Überstunden machen, war abends geschafft, konnte sich also auch nicht um Marvin kümmern.

Marvin ging mir richtig auf die Nerven, anders kann man es nicht ausdrücken. Er war nun ständig in Bewegung, wollte dauernd helfen, war aber dabei so ungeschickt, daß seine Hilfe zur Belastung wurde. Seine Reaktion war, daß er dann die Türen zuschlug und sich in sein Zimmer verkroch.

Die eigentliche Katastrophe kam am 2. Advent. Oma und Opa, Schwager und Schwägerin kamen zu Besuch, wir saßen am Kaffeetisch, und alle redeten durcheinander. Ich bat Marvin, doch mal das Weihnachtsgedicht aufzusagen, das er bei der Weihnachtsfeier im Kindergarten vortragen sollte, und schon war es passiert. Marvin brüllte „Neiiiin!“, fegte die Kerzen vom Tisch, stürmte aus dem Zimmer und verschwand mit großem Radau in seiner Bude im Kinderzimmer.

Für den nächsten Tag war ein Elterngespräch angesetzt, und so konnte ich Frau Liander von den Vorkommnissen der letzten Zeit berichten. Die war über die Geschehnisse keineswegs überrascht. Ihre erste Reaktion auf meine Schilderung war, daß sie Marvin einfach in den Arm nahm und fest drückte. Als ich das sah, mußte ich mit Erschrecken feststellen, daß ich Marvin schon lange nicht mehr gedrückt hatte. Marvin blühte richtig auf und verschwand dann allein in den Bewegungsraum, in dem gerade Frau Hagedorn mit ihren Kindern aktiv war.

Frau Liander sagte, Marvin habe doch offensichtlich „Signale“ gesendet, habe schon lange gezeigt, daß ihm der ganze Rummel nicht behagte. Sie wies darauf hin, daß Marvin zur Zeit einfach noch nicht in der Lage sei, die verschiedenen Wahrnehmungsreize, die insbesondere die Weihnachtszeit in Hülle und Fülle biete, adäquat zu verarbeiten. Da die Wahrnehmungsverarbeitung im Gehirn unterhalb der Bewußtseinsgrenze angesiedelt sei, also nicht verstandesmäßig gesteuert werde, reagiere er halt durch „psychosoziale Fehlanpassungen“. Es sei nun die Zeit des „Stubenzappels“. Damit bezeichnete Frau Liander sicher Marvins Wibbeligkeit, die Kraftausdrücke, wenn er nicht genug Aufmerksamkeit bekommt, oder seine Aufmüpfigkeit.

Frau Liander sagte weiter, wir sollten uns ernsthaft darüber Gedanken machen, ob wir Weihnachten nicht dazu nutzen sollten, uns Zeit für unser Kind zu nehmen. Wenn Weihnachtsfeiern wirklich unvermeidbar wären, sollte ein Familienmitglied zusammen mit Marvin die Feier verlassen, um ihm die Reizfülle zu ersparen, die unweigerlich zu auffälligen Verhaltensweisen führe.

Als ich am Abend meinem Mann von Frau Lianders Ratschlägen berichtete, fiel ihm ein Stein vom Herzen, ja er war sogar froh, selbst dem ganzen Weihnachtsrummel entfliehen zu können.

Wir blieben am 1. Weihnachtsfeiertag zu Hause. Marvin und mein Mann verbrachten den Vormittag damit, eine Hängematte in Marvins Zimmer anzubringen. Danach bauten sie die neue Ritterburg aus Lego auf, die Marvin geschenkt bekommen hatte. Am zweiten Weihnachtsfeiertag gab es zwar die übliche und unvermeidliche Familienfeier, doch wir hielten Marvin vom größten Trubel fern. Marvin ging während der Feier lange mit seinem Opa spazieren.

Bewegung fühlen, Kraft dosieren, Handlungen planen

Marvin: Seit Weihnachten ist alles viel angenehmer. Während der Mototherapiestunden haben Tim und ich manchmal in der Schaukel gelegen und haben uns von Frau Liander anschubsen lassen, die kam dabei richtig ins Schwitzen. Manchmal hat Frau Liander auch die Schaukel angehalten und uns dann wieder einen neuen Schubs gegeben.

Vor dem Schaukeln hatte ich erst immer ein bißchen Angst. Nachdem die Angst aber verschwunden war, konnte ich gar nicht genug vom Schaukeln bekommen. Irgendwann hatte Frau Liander wohl keinen Bock mehr, uns immer wieder Schwung zu geben. Sie wollte uns dazu bringen, daß wir uns selbst mit dem Körper Schwung geben sollten. Tim bemühte sich stark. Er machte so heftige Bewegungen, daß er beinahe aus der Schaukel herausfiel.

Ich wußte, daß ich mich nicht alleine anschwingen konnte, denn ich hatte es im Sommer auf der Schaukel des Spielplatzes oft genug vergeblich probiert. Ich höre noch die Worte meines Vaters: „Du mußt dir selber Schwung geben, so wie die anderen Kinder.“ Der begriff überhaupt nicht, daß ich es einfach nicht konnte. Selbst wenn meine Füße den Boden berührten, gelang es mir nicht, die Schaukel in Bewegung zu versetzen. Ich habe mich sehr geschämt, daß ich nicht alleine schaukeln konnte und bin deshalb natürlich auch nie freiwillig auf die Schaukel gegangen. Ich habe mich lieber auf das Drehkarussell gesetzt, das ging besser.

Es hat lange gedauert, bis ich ohne fremde Hilfe schaukeln konnte. Zum Üben haben wir bei der Mototherapie kleine Türme aus Schaumstoffteilen gebaut und haben diese dann von der Schaukel aus mit den Füßen umgestoßen. Manchmal mußten wir Frau Lianders Hände berühren, die sie in Armhöhe ausgestreckt hatte, und manchmal versuchten wir auf der Schaukel sitzend zu laufen. In jeder Stunde ging es besser.

Was ich auch nicht konnte, war, eine Hängematte in Bewegung zu setzen. Wir sollten von der Hängematte aus an einem Seil ziehen, das an der Decke befestigt war. Das ging nicht. Ich hatte in den Armen überhaupt kein Gefühl dafür, wie groß die Kraft sein mußte, mit der ich am Seil ziehen mußte (Abb. 24).

Abb. 24

Frau Liander hat nie viel gesagt, kam vorbei, schubste mich ein wenig an, damit meine Hängematte in Bewegung kam. Ich ärgerte mich nämlich, weil Tim wie ein Wilder schaukelte und gar nicht aufhören wollte. Irgendwie hat es dann doch auch bei mir geklappt; ein irres Gefühl ist das, wenn man an einem Seil zieht und die Hängematte sich in Bewegung setzt. Wildes Schaukeln finde ich aber nicht gut. Mir reicht eine sanfte Bewegung, nur nicht zu hoch.

Schaukeln muß man können, sonst kommt man mit anderen Kindern nicht mit. Letztens haben wir uns wieder mal ein Schiff gebaut, das von der Decke hing. Als wir dann alle auf dem Schiff waren, habe ich mich, ehrlich gesagt, ganz doll festgehalten und die anderen haben geschaukelt. Ich hatte aber keine Angst, denn ich wußte ja jetzt, wie es ist, wenn man geschaukelt wird. Danach habe ich mich abgeseilt (Abb. 25).

Abb. 25

Zu Hause habe ich nun auch eine Hängematte. Super! Die habe ich zu Weihnachten geschenkt bekommen. Mein Vater und ich haben sie zusammen in meinem Kinderzimmer angebracht. Das war das erste Mal, daß ich Papa bei der Arbeit helfen durfte. Bevor wir angefangen haben, haben wir erst alles gründlich überlegt; wohin die Hängematte kommt, wie hoch sie hängen soll usw. Mein Vater sprach immer von „Statik". Ich weiß aber nicht, was das ist.

Meine Hängematte hängt quer in meinem Zimmer. Wenn ich sie gerade nicht brauche, wird ein Ende abgehakt und an dem anderen Haken festgemacht, so daß die Hängematte an der Wand hängt und nicht weiter stört.

Wenn ich aus dem Kindergarten gekommen bin und gegessen habe, lege ich mich mit Decken und Kissen in meine Hängematte und schaukle sanft hin und her. Mama hat mir gesagt, daß sie in dem Moment auch sehr froh ist, denn sie hat dann etwas Ruhe. Wenn ich ehrlich bin, gehe ich ihr, glaube ich, manchmal etwas auf die Nerven. Sie fragt mich jetzt oft, ob ich Quasselwasser getrunken hätte, ich rede ihr nämlich in letzter Zeit manchmal zuviel. Als Mama vergangene Woche mit Oma telefonierte, hörte ich sie sagen, daß sie nicht versteht, warum bei mir so ein „starker Redefluß“ eingesetzt hat. Die Erwachsenen sind manchmal komisch. Früher sollte ich doch immer reden, ich höre noch die Sätze: „Marvin, sag doch mal was! Erzähl doch mal der Oma, wie es im Kindergarten war!“ Wenn ich nicht sofort losredete, erzählte meine Mutter stundenlang, was die Erzieherin gesagt hatte, welche Veranstaltungen anstanden usw. Eigentlich kam ich gar nicht richtig zu Wort.

Aber das war früher. Inzwischen rede ich selbst, und das macht mir richtig großen Spaß. In meinem Kopf habe ich tolle Ideen, die ich einfach loswerden muß. Nur leider hört mir oft gar keiner zu. Ist aber nicht so schlimm, dann rede ich halt mit den Rittern oder den Dinos oder anderen Tieren, halt mit den Figuren, mit denen ich gerade spiele.

Wenn ein Freund kommt, quasseln wir oft nur so herum, einfach um zu reden, und trotzdem kommt immer ein gutes Spiel zustande. Allerdings endet es oft in einer wilden Toberei. Wenn es zu doll wird, kommt meine Mutter und bringt uns etwas zu trinken. Sie setzt sich dann zu uns und räumt mit uns auf. Das ist viel besser als Schimpfen.

Beim letzten Mal sind Tim und ich bei Frau Liander Trampolin gesprungen, und Tim hat es sogar geschafft, einen Salto vom Trampolin auf die dicke blaue Matte zu machen. Ich selbst habe mit dem Salto noch Schwierigkeiten. Mein Hals will sich einfach nicht nach vorne biegen.

Im letzten Augenblick vor dem Überschlag kriege ich immer Schiß und rolle seitlich ab. Bei meinem letzten Versuch, eine Rolle zu machen, stand ich auf einmal – ich weiß auch nicht wie – kerzengerade in der Luft. Frau Liander schoß auf mich zu und fing mich auf. Von dem Schreck mußten wir uns beide erst einmal erholen, und ich habe mich auf den Schoß von Frau Liander gesetzt. Ich lasse mich eigentlich ganz gern von ihr festhalten und drücken. Das ist aber etwas anders, als wenn ich bei meiner Mutter auf dem Schoß sitze, denn dann schmuse ich mit ihr. Das ist mir jetzt ganz angenehm.

Ich glaube, Frau Liander hat ganz schön Angst, wenn ich Salto übe. Sie macht dann immer so große Augen. Sie sagt aber nie: „Nun mach' schon!“ Und sie drängelt mich auch nicht wie meine Mutter. Sie sagt vielmehr: „Du willst doch nicht etwa einen Salto machen?“ Aber dann versuche ich ihn extra! (Abb. 26)

Abb. 26

Letztens haben Tim und ich eine schöne Burg gebaut. Wenn wir eine Burg bauen, Zirkus, Dschungel oder Bergsteigen spielen wollen, dann dürfen wir alle Gegenstände nehmen, die im Turnraum sind. Von den vielen Dingen im Materialraum darf sich jeder von uns nur drei Gegenstände aussuchen, wenn wir spielen wollen. Das ist schwer! Aber Frau Liander bleibt knochenhart. Nur drei Dinge! Was soll man dann nur nehmen? Als Tim und ich zum Beispiel unsere Burg bauen wollten, uns aber nicht entscheiden konnten, was wir dazu nehmen sollten, sagte Frau Liander: „Überlegt doch einfach, was ihr für die Burg braucht. Vielleicht wollt ihr sogar eine Zugbrücke bauen." Eine Zugbrükke? Gute Idee! Und für eine Zugbrücke braucht man Seile. Soviel war schon mal klar. Aus dem Materialraum nahmen wir außerdem einen Kriechtunnel aus Plastik, eine rote Matte, in die man sich wie in eine Ritterrüstung ganz fest einwickeln kann, und einen dicken Ball, auf dem man reiten kann (Abb. 27 und 28).

Abb. 27

Abb. 28

Für solche Spiele ist Tim einfach Spitze. Der kann stundenlang am Bau einer Zugbrücke basteln, und sie funktioniert am Ende sogar. Tim ist Spezialist für Tüftelangelegenheiten, während ich gern mit Schaumstoffteilen baue. Unsere Burg wurde richtig gigantisch. Vorne war Tims Zugbrücke, von der aus man in die Burg kam, die ich mit den großen Klötzen aus Schaumstoff gebaut hatte. Eine echte Burg braucht natürlich auch ein Verlies. Unser Verlies sollte unter dem Trampolin sein.

Wir ließen uns Schaumstoffteile fest um den Körper wickeln und so als Ritter verkleiden. Wir konnten uns nur mühsam bewegen. Trotzdem machte es Spaß zu kämpfen. Das war so schön, daß wir echt sauer waren, als wir aufhören mußten. Aber es mußte sein, denn wir hatten noch nicht einmal Pause gemacht. Die hatten wir ganz vergessen.

Das Spielen war echt lustig. Aber wenn ich ehrlich bin, hat mir am Ende der Stunde auch die Zerstörung der Burg riesigen Spaß gemacht. Wir schmissen uns in die Schaumstoffteile, wobei meine Ritterrüstung flöten ging, und die Zugbrücke krachte über uns zusammen.

Spielend sich und Partner finden

Seit einiger Zeit gehe ich in den Turnverein, macht richtig Spaß. Ich treffe dort Kinder aus dem Kindergarten und einige Kinder, mit denen ich auf der Straße spiele. Im Turnverein ist die Halle größer als im Kindergarten, da können wir schneller rennen. Wir dürfen auch toben und springen. Manchmal balancieren wir auf Bänken, fahren sogar mit dem Rollbrett. Die Sachen, die wir bei Frau Liander machen, sind in der Turnhalle leider nicht möglich. Es sind ja zu viele Kinder in der Halle (Abb. 29).

Letzte Woche durften wir bei Frau Liander alle Tennisbälle aus der großen Mülltonne auf die Erde werfen. Dann legten wir uns zuerst mit dem Bauch auf die Tennisbälle und rollten uns hin und her. Später wurde eine Matte auf die Tennisbälle gelegt, auf der wir dann hin und her rollen konnten.

Abb. 29

Die Kinder von Frau Hagedorn guckten vorbei und machten einfach mit. Tim und ich saßen auf der Matte, und Max und Fabian schoben uns langsam hin und her. Der Hammer kam aber noch. Frau Liander ließ ein Seil von der Decke, wir stellten uns auf die Matte, hielten uns an dem Seil fest und bewegten mit den Beinen die Matte auf den Tennisbällen hin und her. Man wußte nie, mit welcher Geschwindigkeit sich die Matte bewegte, man mußte sich gut festhalten, und wir bewegten uns auf der Matte von ganz alleine. Manchmal stellte sich noch ein anderes Kind auf die Matte, das fiel dann mit lautem Getöse um. Andere Kinder hatten immer alle Hände voll zu tun, die Tennisbälle unter die Matte zu stecken, sonst bewegte die sich nämlich nicht weiter.

Abb. 30

Überhaupt war es jetzt oft so, daß wir alle gemeinsam eine Aufgabe zu bewältigen hatten, das machte aber auch Spaß. Selbst das Aufräumen am Ende war gut. Mal mußte jeder drei Bälle in die Tonne legen, mal vier Bälle, mal durften wir Zielwerfen in die Tonne machen, und irgendwann bekamen wir sogar kleine Tennisschläger, mit denen wir rumexperimentieren durften.

Einmal hatte Frau Liander gesagt, daß wir in der nächsten Stunde ein „Spinnennetz“ machen wollten. Da freuten wir uns mächtig auf das nächste Mal.

Wir bauten gerne eine „Sprungburg“, die fanden wir toll. Max und Fabian von der Gruppe von Frau Hagedorn wollten auch mitmachen. Frau Liander sagte: „Wenn ihr ohne meine Hilfe die Sprungburg baut, erlaube ich es.“

Wir wußten genau, wie das geht, Frau Liander und Frau Hagedorn brauchten uns kaum zu helfen.

Abb. 31

Wir sprangen in die Schaumstoffteile, vergruben uns und wühlten darin herum. Frau Liander und Frau Hagedorn sagten nicht viel, guckten nur zu. Sie schritten nur ein, wenn wir zu wild wurden.

In jeder Stunde gibt es eine Pause. Die verbringen wir immer im Umkleideraum, und Frau Liander und Frau Hagedorn sind auch dabei. Zuerst trinken wir – wir haben alle unsere Getränke dabei –, meist unterhalten wir uns auch. Die Pausen sind immer ganz gemütlich, meist besprechen wir, wie die Stunde weitergehen soll. Wir haben nämlich nicht immer Lust, mit den Kindern von Frau Hagedorn zu spielen. Wenn wir keine Lust haben, trennen wir uns nach der Pause. Manchmal sind wir gern im kleinen Raum, den kann man nämlich verdunkeln. Dort haben wir Schwarzlicht.

Daß mir das Malen eines Tages so viel Spaß machen würde, hätte ich nie gedacht. Vielleicht liegt es daran, daß wir nie etwas ausmalen müssen, sondern mit vielen verschiedenen Stiften frei und mit Schwung auf aufgeklebten Tapetenstücken malen können.

Wir malen meist nach der Pause, denn dann haben wir etwas getrunken. Das ist vor dem Malen immer ganz wichtig, sagt Frau Liander. Wir trinken oft den klaren Sprudel, den es bei Frau Liander gibt, der schmeckt besonders gut.

Wenn wir beim Malen nicht die Trip-Trap-Stühle benutzen, bekommen wir dicke Schaumstoffteile unter die Füße, damit wir nicht herumhampeln. Das Malen klappt wirklich besser, wenn unsere Füße Halt haben.

Frau Liander hat ständig andere Sprüche drauf, während wir malen. Zum Beispiel „Schaukel hin und Schaukel her“ oder „Lirum, Larum, Löffelstiel“ und so Sachen. Was beim Malen herauskommt, ist häufig ganz ähnlich: Schaukeln, Regen, Regenbögen, lange Striche, Wellenlinien und als Krönung am Ende eine große liegende 8. Bei dieser Figur habe ich mir anfangs vielleicht einen abgebrochen, oh Mann! Ich merkte richtig, wie mein Gehirn arbeitete, um sie hinzukriegen. Mir war das immer ganz unangenehm, wenn meine Linien über die Mitte kamen. Tim dagegen war mit der liegenden 8 schnell fertig. Er wechselte einfach den Stift von einer Hand in die andere, wenn er in die enge Mitte kam.[13]

Nicht selten tragen Brain-Gym-Übungen zur Auflösung von Lern-blockaden bei, indem sie das Zusammenspiel der beiden Gehirnhälften verbessern.

Später bekamen wir Malbücher [14], die waren ganz schön knifflig. Ich wunderte mich, daß Tim so viel Spaß daran hatte, aber das ist wohl so, wenn man, wie er, bald in die Schule kommt.

Neben dem Malen kneten wir auch sehr gern. Wir kneten aber nicht nur mit den Händen, sondern manchmal auch mit den Füßen. Wir stechen Formen aus, die wir dann mit geschlossenen Augen ertasten. Meist läßt uns Frau Liander in Ruhe, Tim und ich reden nämlich viel miteinander und sind uns ganz nahe; jeder andere würde da nur stören (Abb. 32).

Abb. 32

[13] Dennison, 1991; Arneth et al., 1996.

[14] Naville/Marbacher, 1995; Schilling, 1983.

Die Erzieherin: Die Kinder in unserem Kindergarten haben wir in drei Gruppen aufgeteilt. In jeder Gruppe befinden sich einzelne Kinder, die die Praxis für Mototherapie besuchen. Meist sind dies wilde, ungezügelte Kinder, und Marvin, dieses anfangs doch so stille und liebe Kind, schien inzwischen dazu zu gehören.

Im Team hatten wir lange darüber diskutiert, ob wir eine „Bewegungsbaustelle“ im Flur des Kindergartens einrichten sollten. Der Platz war durchaus vorhanden, mit der Thematik hatten wir uns eingehend befaßt, doch vermutlich waren es unsere eigenen Ängste, die uns immer wieder zurückhielten, eine Bewegungsbaustelle zu installieren.

Endlich aber wagten wir es und bestellten eine mögliche Grundausstattung: große Schaumstoffblöcke und drei Rollbretter. Wir verabredeten, daß sich im halbstündigen Wechsel jeweils eine Kleingruppe von 5 bis 6 Kindern auf der Bewegungsbaustelle beschäftigen sollte.

Es war erstaunlich, wie intensiv sich die Kinder mit den neuen Möglichkeiten beschäftigten, und Marvin war immer dabei. Manche Kinder rannten mit dem Kopf förmlich in die Schaumstoffteile hinein. Sie transportierten die Klötze, bauten Häuser, Brükken, ja sie begannen sogar Rollenspiele aus eigener Initiative.

Montags mußten wir die Kinder regelrecht einteilen, denn dann waren die meisten von ihnen kribbelig, insbesondere, wenn das Wochenende verregnet war.

Dadurch daß die Bewegungsbaustelle bis auf ein paar Grundregeln nicht von uns Erwachsenen reglementiert wurde, organisierten sich die Kinder untereinander selbst. So kam es, daß Marvin begann, auf einem Bein zu hüpfen, weil sich die Kinder ein Spiel dazu ausgedacht hatten. Erstaunlich war, daß die Kinder die Grundregeln genau einhielten. Wehe ein Kind versuchte, sich auf ein Rollbrett zu stellen, dann war das Geschrei der anderen Kinder groß. Merkwürdigerweise gingen die Kinder nur ein kalkuliertes Risiko ein. Sie waren sehr gut in der Lage, ihre Fähigkeiten einzuschätzen. Marvin allerdings fiel etwas aus dem Rahmen. Er fand von sich aus nie ein Ende und powerte ohne Unterlaß, bis er völlig erschöpft war.

Andere Kinder verließen die Bewegungsbaustelle, wenn sie genug hatten, Marvin und sein Freund nicht. Dadurch, daß Marvin so gern auf der Bewegungsbaustelle war, fand er Anschluß an die anderen Kinder. Anfangs war er nur der Bote oder Handlanger für sie, aber es dauerte gar nicht lange, und er war Mitglied in Ulfs Bande. Außerdem sah man ihn nun öfter auf dem Bauteppich, er begann sogar freiwillig zu malen. Seine Bilder hatten meist einen schönen Regenbogen. Manchmal sauste er nur mit dem Stift über das Papier, spielte Autorennen; wir ließen ihn.

Nach unseren guten Erfahrungen mit der Bewegungsbaustelle griffen wir eine weitere Anregung von Frau Liander auf und richteten für einen Tag in der Woche einen „Dunkelraum" ein, indem wir einen Gruppenraum entsprechend umgestalteten.

Die Kinder brachten auf unsere Bitte hin Decken und Kissen mit, die, wie sich dann zeigte, von ganz unterschiedlicher Qualität waren: hart, weich, groß, klein, jede denkbare Variante war vertreten. Manche Mütter hatten ihren Kindern sogar Duftkissen und Taschenlampen mitgegeben.

Das Ergebnis unseres Experiments war umwerfend. Marvin und die anderen therapeutisch betreuten Kinder hatten schon oft von ihren Erlebnissen im Dunkelraum der Praxis für Mototherapie gesprochen, daß aber auch die übrigen Kinder so davon angetan waren, überraschte uns.

Wir hatten die Gruppen geteilt, jede Stunde sollten 12 Kinder in den Dunkelraum gehen. Das war jedoch undurchfuhrbar, denn die Kinder waren nach einer Stunde einfach nicht wieder hinauszubekommen. Sie verbrachten den ganzen Vormittag in dem dunklen Raum. Wir waren gezwungen, den Dunkelraum die ganze Woche beizubehalten, bis alle Kinder dieses Erlebnis erfahren hatten.

Wenn die Kinder den Dunkelraum betraten, richteten sie sich mit ihren Decken und Kissen zuerst häuslich ein. Sobald dies erledigt war, benutzten sie ihre Taschenlampen, ließen die Lichtstrahlen an den Wänden entlanglaufen oder verfolgten sich gegenseitig mit dem Licht ihrer Taschenlampen. Wir spielten

„Mäuschen, piep einmal“, lasen Geschichten vor, oder die Kinder lagen nur ruhig da. Manchmal stellten wir leise Musik an.

Als unser Pfarrer vorbeischaute und sich das Schauspiel ansah, schüttelte er nur den Kopf.

Marvin: Seitdem ich Tim gegen das Schienbein getreten habe und er so gejault hat, behandelt er mich ganz anders. Er ist jetzt ziemlich nett zu mir geworden. Nur eines stört mich immer noch an ihm: Er muß sich immer vordrängen. Gott sei Dank achtet Frau Liander streng darauf, daß er nicht immer der Erste ist (Abb. 33).

Was uns allen viel Spaß macht, ist, uns einen „Rundlauf“ zusammenzustellen. Das geht so: Trampolinspringen wollen wir eigentlich immer und die dicke blaue Matte runterrutschen auch. Also gehören diese beiden Sachen schon mal dazu. Manchmal legen wir uns dann Wege zu einer Bank, auf der wir uns – auf dem Bauch liegend – wieder zum Trampolin raufziehen müssen. Tim plant meist nicht bis zum Ende mit und beginnt schon mit dem Ausprobieren, bevor wir den Weg fertig gelegt haben. Dabei ist das oft das schwerste. Wir holen uns manchmal unterschied-

Abb. 33

liche Säckchen aus dem Materialraum, aus denen wir dann den „Weg“ bauen. Manche Säcke sind ganz schwer, weil sie mit Sand gefüllt sind. In anderen Säcken kann man Kastanien fühlen oder eklige Plastikschrauben. Anfangs sind wir nur auf den Säcken rumgesprungen. Inzwischen ist es für uns aber spannender, mit den Füßen zu fühlen, was in den Säcken ist.

Wenn wir schließlich den gesamten „Rundweg“ fertig haben, fällt es Tim schwerer als mir, die genaue Reihenfolge einzuhalten. Ganz spannend wird es, wenn wir uns selbst ausdenken dürfen, wie wir den „Rundlauf“ schwieriger machen können: zum Beispiel fünfmal Trampolin springen und dann rückwärts die dicke blaue Matte runterrutschen. Bei solchen Veränderungen paßt Tim in letzter Zeit besser auf.

Wenn Tim und ich bei Frau Liander allein sind, ist Tim mein bester Freund. Wenn aber Frau Hagedorn mit Max und Fabian dazukommt, bin ich mir nicht mehr so sicher. Dann wird es ganz schön wild. Wenn es zu laut wird und Tim nicht mehr zuhören will, sitzt er wie von Zauberhand bei Frau Liander auf dem Schoß und wird sofort viel ruhiger. Frau Liander und Frau Hagedorn schimpfen nie mit uns. Ich habe das Gefühl, sie sind immer für uns da. Wenn ich zum Beispiel mal etwas Kniffliges ausprobiere und es will nicht klappen, steht Frau Liander plötzlich neben mir und hilft ein kleines bißchen, so daß ich es doch hinkriege.

Im Umkleideraum gibt es kaum noch Probleme. Unsere Mütter warten jetzt immer draußen, bis wir angezogen sind. Manchmal machen wir Wett-Anziehen. Es gibt dann einen ersten und einen zweiten Sieger. Tim redet auch nicht mehr pausenlos, denn jeder muß ja jetzt allein darauf achten, ob er alle seine Sachen hat. Ist manchmal ganz schön schwierig, alles zu finden: Unsere Mütter sind ja nicht mehr im Umkleideraum, und Frau Liander kennt unsere Sachen nicht so gut. Also müssen wir alles selbst zusammensuchen: Umziehsachen, Butterdose, Trinkflasche usw.

Mich ärgert es, daß ich immer noch keine Schleife binden kann. Tim gibt beim Anziehen damit an, daß er eine binden kann. Aber er kommt ja auch in diesem Jahr in die Schule. Inzwischen kann ich aber einen richtigen Knoten. Das ist eigentlich ganz leicht.

Im Kindergarten bin ich auf Ulf stinkesauer. Anfangs war ich ja richtig stolz, als ich endlich in seine Bande aufgenommen wurde, aber nach und nach geht mir sein Gerede richtig auf die Nerven. Er meint nämlich, daß wir bei der Mototherapie einfach nur so rumtoben und machen können, was wir wollen. Der hat null Ahnung. Er weiß nämlich nicht, wie schwierig es zum Beispiel ist, ein Schloß zu bauen. Dazu muß man einen Plan haben.

Ulf hätte mal unser Schloß erleben sollen, als Frau Hagedorns Kinder dabei waren. Wir haben komplizierte Mauern gebaut, eine Zugbrücke und ein Gefängnis. Wir haben uns sogar verkleidet. Ulf meint vielleicht, Frau Liander würde uns immer sagen, wie wir bauen sollen. Ja denkste! Wir bekommen nur das Material, nichts weiter.

Oft ändern wir während des Spiels unsere Pläne. Aus dem Geisterhaus wird dann ein Dschungel, wenn wir die Idee haben, dicke Seile zu verknoten, an denen wir entlanghangeln können. Es ist oft schwierig, eine Brücke zu bauen, die so stabil ist, daß man darüber gehen kann, ohne daß sie einstürzt.

Wenn wir Straßen aus Schaumstoffteilen bauen, durch die wir mit den Rollbrettern fahren, ohne sie umzustoßen, müssen wir uns ganz schön konzentrieren.

Ich glaube Ulf ärgert sich, weil ich nicht mehr alles mache, was er mir sagt. Ich bin doch nicht blöd. Ich glaube, ich suche mir eine andere Bande oder spiele lieber mit Florian. Florian freut sich nämlich immer, wenn ich komme. Gestern hat er mir sogar eine kleine Schildkröte geschenkt. Vielleicht nehme ich ihn mal mit zur Mototherapie, denn man darf Freunde mitbringen, wenn man vorher fragt.

Rückblicke – Ausblicke

Die Mutter: Die Kinder sollten wieder getestet werden, es mußte über eine Verlängerung der Therapie entschieden werden. Ich war gespannt. Ich hoffte nur, daß wir noch weiter kommen durften, selbst wenn die Testergebnisse in Ordnung waren.

Marvin wurde immer zusammen mit demselben Kind behandelt – dem Tim. Ich hatte mich inzwischen mit seiner Mutter angefreundet, denn wir verbrachten die Zeit, in der die Kinder bei der Mototherapie waren, meist zusammen in einem Café, was uns die Gelegenheit gab, uns näher kennen zu lernen. Ja, wir schütteten uns regelrecht das Herz aus. So erfuhr ich von Tims Mutter, daß Tims Geburt sehr schwierig gewesen war. Er war im Geburtskanal stecken geblieben, und als die Herztöne ausblieben, wurde ein Kaiserschnitt vorgenommen.

Tims Mutter erzählte weiter, daß ihr Sohn von Anfang an ein „Schrei- und Spuckkind" gewesen war. Nachts hatte er regelrechte Schreikrämpfe bekommen, hatte sich nicht beruhigen lassen. Der Arzt hatte gesagt, es seien lediglich Drei-Monats-Koliken. Doch auch nach drei Monaten hatte Tim seine Unruhe nicht abgelegt; er hatte nachts weitergeschrieen. Selbst auf dem Arm der Mutter hatte er sich oft nicht beruhigt, manchmal hatte sie, so Tims Mutter, ihn ins Auto gepackt und war mit ihm einfach durch die Gegend gefahren. Wenn er dann endlich eingeschlafen war, legte sie ihn zu Hause ins Bett und hatte tagsüber etwas Ruhe.

Als Tim laufen konnte, war er wohl nur noch unterwegs. Er kletterte überall hinauf, lernte nicht aus Erfahrungen. Da er jedoch, so Tims Mutter, hart im Nehmen war und selbst dann nicht schrie, als er sich auf der heißen Herdplatte die Finger verbrannte, resignierte sie irgendwann. Sie erzählte, Schimpfen und selbst ein gelegentlicher Klaps hätten nichts genützt.

Als Tim anfing, an die Sachen seiner älteren Geschwister zu gehen, vieles beschädigte oder zerstörte und ihnen mit seinem Geschrei derart auf die Nerven ging, daß sie Tim aussperrten, war auch Tims Mutter mit ihren Nerven am Ende, wie sie zugab.

Sie erzählte, wie sie von der Verwandtschaft gemieden, von ihren Freunden nicht mehr eingeladen wurde. Offensichtlich gab man ihr die Schuld an Tims Verhalten; sie hatte in den Augen der anderen bei der Erziehung ihres jüngsten Kindes versagt. Tims Mutter hatte diese Reaktion nicht verstehen können, denn sie wußte, daß sie ihre beiden älteren Kinder vernünftig erzogen hatte und daß sie bei Tim nichts grundlegend anders gemacht hatte. Dennoch hatten sich bei ihr, wie sie sagte, die Schuldgefühle förmlich eingenistet. Sie konnte mit der Ausgrenzung einfach nicht fertig werden. Tims Mutter berichtete mir, daß sie bei ihrem Ehemann wenig Verständnis fand; sie machten sich vielmehr gegenseitig wegen des Verhaltens ihres Kindes Vorhaltungen. Es muß wohl zu einer richtigen Ehekrise gekommen sein.

Tims Mutter vertraute mir an, daß sie gegenüber ihrem Kind regelrecht Haßgefühle entwickelt hatte. Ich konnte das gut verstehen, denn Tims Verhalten auf Marvins 5. Geburtstag war eine einzige Katastrophe.

Tims Eltern haben, so erfuhr ich, neben der Mototherapie für das Kind noch an einer familientherapeutischen Behandlung teilgenommen. So etwas ist nicht ungewöhnlich, denn die Praxis für Mototherapie arbeitet mit verschiedenen Kliniken und Beratungsstellen zusammen. Diese begleitende Behandlung muß der gesamten Familie gut getan haben. Sie war auch notwendig geworden, da Tims positive Veränderungen von seinen Geschwistern nicht akzeptiert worden waren. Sie hatten sich nach den Aussagen von Tims Mutter vielmehr angewöhnt, für alle Mißgeschicke und Mißstimmungen Tim verantwortlich zu machen. Sie mußten erst lernen, ihn als gleichwertigen Partner zu akzeptieren.

Von den Veränderungen, die in Tims Elternhaus vorgenommen worden waren, hatten alle Geschwister profitiert, wie Tims Mutter erzählte. Tims Eltern hatten Hängematten und Matratzen für ihre Kinder besorgt und einen Platz zum Toben geschaffen. Genau wie bei uns hatten auch sie irgendwann begonnen, Familienfeste zu meiden.

Die Ehe ist, so Tims Mutter, inzwischen wieder in Ordnung. Tims Vater nimmt seinen Sohn inzwischen sogar zum Angeln mit, wobei das Kind völlig ruhig und ausgeglichen ist.

Nach dem, was mir Tims Mutter berichtet hatte, war mir klar, daß ich noch viel von ihr lernen konnte. Inzwischen war nämlich Marvin derjenige, der dauernd versuchte, uns zu provozieren. Nachdem er Tim gegen das Schienbein getreten und seinen Erfolg gespürt hatte, begann er grob und übertrieben aufmüpfig zu werden. Er sagte zu allem „Nein", wollte partout seinen Willen durchsetzen und forderte dauernd Aufmerksamkeit. Im Kindergarten wurde er zunehmend ungezügelt. Diese Probleme hatte Tims Mutter ja dauernd. Frau Liander hatte uns geraten, Grenzen zu setzen, doch das war gar nicht so einfach. Mein Mann und ich waren ursprünglich froh, daß Marvin aus sich herausging. Frau Liander hatte uns zu Beginn der Therapie gesagt, daß es eine Zeit geben werde, in der Marvin Grenzen verletzen und sozusagen seine „Trotzphase" nachholen werde. Daß es aber so gewaltig über uns hereinbrechen könnte, hatten wir nicht erwartet.

Marvin hatte verschiedene Gesichter. Bei uns zu Hause ließ er „die Sau raus", und bei meinen Schwiegereltern war er das liebste Kind. Dort glänzte er mit seinen neu erworbenen Fähigkeiten, bloß seine Selbständigkeit, die wollte er nicht mehr aufgeben.

In diese schwierige Phase fiel die Anfrage meines früheren Chefs, ob ich nicht für ein paar Stunden im Büro arbeiten könne, er sei um eine Aushilfe sehr verlegen. Ich war unsicher, wie ich reagieren sollte. Aber Frau Liander ermunterte mich, die Stelle anzunehmen. Ich habe dann wieder angefangen zu arbeiten, und ehrlich gesagt hat diese Entscheidung unsere Familie richtig glücklich gemacht. Da ich nun mit anderen Dingen beschäftigt war – im Büro hatte sich viel verändert, der Haushalt mußte anders organisiert werden –, stürzte ich mich nicht mehr mit meiner ganzen Energie auf Marvin. Ich ließ ihn einfach in Ruhe, „ließ ihn los", so wie Frau Liander es mir immer vermitteln wollte. Selbst mein Mann atmete auf, denn nun konnte er wieder zum Stammtisch gehen.

Marvin: Bei den letzten Therapiestunden wurden wir wieder getestet. Den „FEW" kannten wir ja schon. Ich war leider immer noch nicht in der Lage, geradlinig einen Strich zwischen den Zeilen zu ziehen. Meine Striche wurden immer noch krakelig, obwohl ich mir große Mühe gab; Tim gelang es besser. Die verschiedenen Aufgaben machten uns richtig Spaß, Tim hampelte nicht mehr auf dem Stuhl herum, wir gaben uns sogar bei der letzten Aufgabe Mühe und verbanden die Punkte richtig. Wir malten uns selbst groß und schön in das Heft. Frau Liander betrachtete unsere Bilder und meinte: „Das gefällt mir richtig gut!“

In der nächsten Stunde durften wir noch einmal zeigen, was wir konnten. Diesmal machten wir einen anderen Test, der hieß KTK. Tim konnte sich an einige Aufgaben[15] erinnern. Er hatte diesen Test schon einmal gemacht. Wir mußten zuerst auf drei verschieden breiten Balken balancieren. Das machte Spaß. Als nächstes aber kam die Tücke: rückwärts Balancieren. War 'ne ziemlich wackelige Angelegenheit, weil der Fuß gerade aufgesetzt werden mußte, immer Fuß hinter Fuß.

Immer wenn ich während der Übungen zu Frau Liander hinüber sah, saß sie am Tisch und schrieb und schrieb und schrieb.

Bei der nächsten Aufgabe mußten wir mit einem Bein über eine Schaumstoffplatte hüpfen. Das ging gut, mit rechts und auch mit links, als aber zwei Schaumstoffplatten übereinander lagen, gelang es mir nur noch mit dem rechten Bein, das war ja nicht schlimm. Tim hingegen konnte besser mit dem linken Bein hüpfen.

Dann kam „Seitliches Hin- und Herspringen“ über eine kleine Holzlatte auf einem Teppichstück. Das war so schwer, daß ich mir jeden Sprung erst gut überlegen mußte. Ich sprang sehr langsam und vorsichtig. Aber es klappte schließlich doch ganz gut. Tim konnte etwas schneller springen als ich, hatte aber Schwierigkeiten, auf dem Teppichstück zu bleiben.

Beim „Seitlichen Umsetzen“ mußten wir auf niedrigen Böckchen stehen und diese immer in eine Richtung versetzen. Dabei durften wir uns nicht umdrehen, sondern mußten immer Frau Liander angucken. Diese Übung mußte auch gut überlegt sein.

Die Sache war insgesamt sehr anstrengend, weil wir die Übungen genau so machen mußten, wie sie im Buch abgebildet wa-

[15] Körperkoordinationstest für Kinder (KTK) von F. Schilling und E.J. Kiphard

ren. Und dann wurde bei den letzten beiden Übungen auch noch die Zeit mit der Stoppuhr genommen und entsprechende Punktzahlen verteilt.

Nachdem wir mit den Tests fertig waren, fragten wir Frau Liander, warum sie uns dauernd beobachtet und so viel aufgeschrieben hatte. Sie sagte, es sei nicht nur interessant, welche Punktzahl wir erreichen; sie hätte sich auch dafür interessiert, *wie* wir die Übungen ausgeführt hätten. Dafür hätten wir uns ja nun auch nicht so anstrengen müssen, dachten wir. Das schreibt sie doch sonst auch immer auf, fotografiert uns und macht Videoaufnahmen. Frau Liander meinte, Tim und ich seien viel bewegungsgeschickter geworden. Das wußte Frau Liander doch auch ohne Tests. Sie erklärte uns, daß es wichtig sei, unser verbessertes Bewegungsverhalten auch nachzuweisen.

Die Großmutter: Marvin war unser erstes Enkelkind, und als der Kleine damals geboren wurde, platzten wir fast vor Stolz. Als ich dann aber erfahren mußte, daß Marvin in eine Therapie sollte, hat mir das einen richtigen Schock versetzt.

Unser Marvin war ein so pflegeleichtes Kind, das einem wirklich ans Herz gewachsen war. Natürlich erfüllten wir ihm jeden Wunsch. Er bekam einfach jedes Spielzeug, das in der Werbung vorkam. Unsere drei Jungs bekamen früher viel weniger Sachen, das Geld war eben knapper damals. Unser Enkel sollte es besser haben.

Obwohl Marvin so viel Spielzeug bekam, konnte er damit nicht richtig spielen. Er ließ sich gern etwas vorlesen, wurde aber störrisch, wenn man ihn mal streicheln wollte. Ich habe ihn meist ganz fest geknuddelt, dann lachte er und konnte davon nicht genug bekommen. Fernsehen tat er mit Leidenschaft. Marvin war dann völlig versunken.

Als er älter wurde, hatte er keine Lust, draußen mit anderen Kindern zu spielen. Mir war das ganz recht, so hatte ich ihn wenigstens für mich allein.

Wir hatten ja nun sein Fahrrad, weil es bei Marvins Eltern vorm Haus zu hügelig ist. Nur lernte Marvin das Fahrradfahren einfach nicht. Wenn mein Sohn es ihm beibringen wollte, kamen beide sauer wieder nach Hause. Es wollte durchaus nicht klappen. Mein Sohn ist manchmal etwas ungeduldig, mein Mann und ich hielten uns da ganz raus. Daß Marvin nicht einer der Sportlichsten war, merkten auch wir, das störte uns aber weiter nicht.

Unser Ältester – Marvins Vater – war früher auch unbeholfen. Mein Mann erinnerte mich daran, ich selbst hatte das nicht mehr so recht im Gedächtnis. Es kamen ja noch zwei Jungens nach ihm. Die Kinder haben viel rumgebalgt und waren zusammen draußen, so daß es nicht weiter auffiel, daß unser Ältester nicht so sportlich war. Ich erinnere mich aber, daß er manchmal traurig war, wenn ihn keiner in der Fußballmannschaft haben wollte. Er wurde später Torwart, weil dies sonst keiner sein wollte.

In der Schule hatte mein Sohn auch Schwierigkeiten. Seine Schrift ist heute noch unleserlich. Er hat sich aber durchgebissen und bekleidet heute eine gute Position.

Wir haben nur Volksschulbildung, mein Mann und ich. Marvin soll später mal sein Abitur machen. Ich glaube, er hat das Zeug dazu, denn man kann sich mit ihm schon sehr gut unterhalten. Von Anfang an merkte sich der Junge alles. Erzählen konnte er auch, nur nicht, wenn Freunde kamen, dann sagte er kein Wort. Daß er die Wörter beim Sprechen verdrehte, fand ich nicht schlimm. Ich korrigierte ihn dann einfach.

Je älter Marvin wurde, desto anhänglicher wurde er. Dies wurde irgendwann so schlimm, daß wir froh waren, als er endlich einen Kindergartenplatz hatte.

Meine Schwiegertochter hatte immer gesagt, Marvin entwickele sich anders als andere Kinder, sie hatte ständig Bedenken. Ich wollte sie immer beruhigen, das machte sie aber eher ärgerlich. Sie tat wirklich alles für Marvin, manchmal sogar ein bißchen zu viel.

Mein Mann hielt sich aus allem raus. Er nahm Marvin oft mit in seine Werkstatt, oder die beiden gingen in den Wald, waren dabei ein Herz und eine Seele.

Als dann die Mototherapie begann, war ich, wie gesagt, doch sehr skeptisch. Ich erkundigte mich bei meinen Nachbarinnen, aber die hatten auch keine Ahnung, was sich hinter dem Begriff „Mototherapie" verbarg. Der Name verriet nur, daß die Therapie wohl etwas mit „Motor" zu tun haben mußte, also mit Antrieb und Bewegung. Und bewegen tat sich dann unser Marvin – und nicht zu knapp. Ich vermute, daß all die Bewegungserfahrungen, die ihm andere Kinder in seinem Alter voraus hatten, nun von ihm nachgeholt wurden. Mein Sohn schlug sich völlig auf die Seite seiner Frau. Die beiden unterstützten den Bewegungsdrang des Jungen nach Kräften. Sie haben sogar das Kinderzimmer umgestaltet, wobei wir dann mitgeholfen haben.

An die Weihnachtszeit darf ich gar nicht denken. Marvin wurde frech und gebrauchte ordinäre Worte, es war einfach schrecklich. Von mir hätte er ja einen Klaps auf den Hintern bekommen, das hat noch nie einem Kind geschadet, aber Marvins Eltern waren strikt dagegen.

Von heute auf morgen ging er raus zu den anderen Kindern, spielte mit ihnen und machte sich schmutzig. So etwas hatte ich bei Marvin bis dahin noch nicht beobachtet. Der Höhepunkt war, als er eines Tages zu meinem Mann kam und fragte: „Opa, kannst Du mir die Stützräder von meinem Fahrrad abmachen?" Er setzte sich tatsächlich auf das Fahrrad und fuhr los – ohne Stützräder.

Ich hätte meine Skepsis gegenüber der Mototherapie fast völlig über Bord geworfen, wenn Marvin nicht so vorwitzig geworden wäre. Wenn wir alleine waren, war er ja gut zu ertragen, wenn aber meine Nachbarin kam, um mit mir ein Schwätzchen zu halten, konnte er sich nicht eine Minute alleine beschäftigen. Er redete dazwischen, begann zu toben, quengelte herum, wollte dies und jenes.

Sein Verhalten wurde nach Weihnachten anders. Meine Schwiegertochter sagte, das habe mit Weihnachten nichts zu tun. Wo nun die Ursachen für Marvins Veränderung auch immer lagen, er begann jedenfalls, freiwillig zu malen. Sein Malen begleitete er fast immer mit Sprüchen und hatte dabei offensichtlich viel Spaß.

Manchmal mußte ich ihm das Blatt mit Tesafilm auf dem Küchentisch ankleben. Für die Füße mußte er ein Fußbänkchen haben, und bevor er zu malen anfing, wollte er stets ein Glas Wasser trinken.

Marvin konnte bei einer Männchenzeichnung schon bald ein prima Gesicht malen, an dem alles dran war, nur mit dem Körper klappte es erst später. Erst malte er nie einen Bauch, die Beine waren auf seinen Zeichnungen am Kopf angebracht, manchmal fehlten auch die Arme.

Was meinen Mann anbetrifft, so kann ich sagen, daß er mit Marvin richtig aufblühte. Die beiden begannen sogar, im Hobbykeller ein Vogelhaus zu bauen. Marvin durfte einzelne Teile sägen. Wie das Vogelhaus aber als Ganzes aussehen sollte, daraus machten sie ein großes Geheimnis.

Marvin: Der Sommerurlaub steht vor der Tür. Den wollen wir in diesem Jahr wieder an der Ostsee verbringen. Frau Liander ist von dieser Idee richtig begeistert. Als sie davon erfuhr, sagte sie, ein Urlaub an der See wäre die beste Mototherapie. Sie kam richtig ins Schwärmen. Na, wenn die wüßte, wie unser Urlaub im letzten Jahr verlaufen ist, dann wäre ihre Begeisterung sicher nicht so groß. Im letzten Jahr hatte ich doch noch zu nichts Traute.

Beim letzten Urlaub haben Papa und ich am ersten Tag eine Sandburg gebaut, danach war Sense. Ich habe mich dann den ganzen Tag in die Burg verkrochen. Es war stinkelangweilig. Immer sollte ich im Sand spielen, aber Sandmatsche war mir doch unangenehm. Und außerdem war das Wasser in der Ostsee so kalt, daß man nicht baden konnte. Ich habe meist mit Mama „Mau-Mau“ gespielt.

Am Urlaubsort gab es auch einen großen Spielplatz mit Rutschen und Ringen. Papa ging nur zweimal mit mir hin. Ich hatte doch Angst, die Rutsche hinunterzurutschen. Es waren auch Kinder da, aber je mehr meine Eltern auf mich einredeten, ich solle doch mit ihnen spielen, um so weniger wollte ich.

In der Ferienwohnung war es schön. Wir hatten einen Fernseher, alles tipptopp, auch gab es oft Pommes und Cola. Das gefiel mir.

Ich glaube, dieses Jahr wird der Urlaub anders. Seitdem meine Mutter vormittags arbeitet, ist sie viel lockerer. Früher hat sie dauernd gesagt: „Marvin, sei vorsichtig, klettere nicht so hoch!“ (Dabei habe ich ja gar nicht geklettert.)! „Gucke, wenn Du über die Straße gehst!“ Wenn ich nach Hause kam, stellte sie früher immer Fragen: „Wie war es? Mit wem hast Du gespielt?“ Jetzt bin ich häufig den ganzen Tag draußen, ohne daß sie nach mir ruft. Die Kinder, mit denen ich spiele, und ich, wir matschen im Dreck, wir jagen uns und klettern. Gut, daß sie oft nicht sieht, wenn ich gewagte Sachen mache. Wir rutschen die hohe Rutsche auf dem Kinderspielplatz hinunter und schreien laut und viel. Oft bekommen wir Ärger in der Nachbarschaft, weil wir so viel Krach machen, dann fahren wir mit den Rädern auf den Sportplatz. Da werden wir aber auch runtergeschmissen, weil wir so laut sind. Wo soll man denn überhaupt noch spielen und laut sein?

Manchmal besuche ich Tim, der hat noch zwei Geschwister. Bei denen zu Hause ist immer etwas los. Tims Mutter kann bei dem Trubel natürlich nicht arbeiten gehen. In Tims Familie ist alles viel lebendiger als bei uns, aber auch dort muß man genaue Regeln einhalten – wie bei Frau Liander. Schuhe ausziehen, wenn man reinkommt, Jacken nicht rumschmeißen, Hände waschen vor dem Essen, eigentlich genauso wie bei mir zu Hause auch. Cola und Gummibärchen gibt es bei Tim allerdings nicht. Seine Mutter sagt, da seien so Sachen (Phosphate) drin, die machten den Tim ganz rappelig. Stattdessen gibt es Apfelsaft mit Sprudel zu trinken. Das heißt Apfelschorle und schmeckt auch gut.

Oft haben hypertone oder hypotone Kinder eine Lebensmittelallergie. Es empfiehlt sich deshalb diese Kinder ärztlich auf Lebensmittelunverträglichkeit untersuchen zu lassen. Nicht selten kann eine Umstellung der Ernährung den Behandlungserfolg der Mototherapie wirksam unterstützen.

Meine Oma hat letztens gesagt, ich sei richtig sportlich geworden. Stimmt ja auch. Überhaupt, meine Oma. Über die muß man sich ab und zu aufregen. Jedem erzählt sie, daß ich mich so verändert hätte, daß ich in den Turnverein ginge und keine Probleme mehr hätte zu sprechen. Was sie nie sagt, ist, daß ich mich weigere, sie bei der Begrüßung auf den Mund zu küssen und daß ich es nicht leiden kann, wenn sie mich dauernd betuttelt — bin doch kein Baby mehr!

In den Urlaub nehmen wir auch Fingerfarben mit. Damit werde ich erstmal Papa die Füße bemalen. Er will mir nämlich nicht glauben, daß es kribbelt, wenn die Farbe antrocknet. Der wird schon sehen, das ist ein tolles Gefühl.

Frau Liander wünscht sich bemalte Steine von der See von mir. Sie sagte beim letzten Mal auch noch, jetzt sei erst mal Pause mit der Mototherapie. Im Herbst sollen meine Mutter und ich mal wieder vorbeischauen. Ich hätte ja noch ein Jahr bis zur Einschulung. Ich käme dann in eine Gruppe mit vier Kindern.

Daß ich nochmal wiederkomme, ist klar, denn erstens möchte ich auch eine so schöne Abschiedsfeier haben wie Tim, dessen Therapie beendet ist, und zweitens ist da eine nette Praktikantin. Sie hat ganz lange blonde Haare und ist sooo nett.

Der Vater: Vor unserem Sommerurlaub hatten Frau Liander und meine Frau ein Elterngespräch verabredet. Marvin hatte von den Tests erzählt, wie spannend alles gewesen sei und wie flüssig er die Aufgaben bewältigt habe.

Ich freute mich auf das Gespräch, denn ich war vor garnicht langer Zeit selbst in der Praxis und hatte mit dem Jungen eine Stunde mitgemacht. Am Anfang der Therapie sollten wir möglichst nicht während der Stunden dabei sein, weil die Kinder ohne die Nörgeleien der Eltern auskommen sollten. Meine Neigung, die ich verspürte, dem Kind beim Ausziehen zu helfen, wurde dadurch unterbunden, daß Frau Liander die Mappe mit den Fotos von Marvin herausholte und sie mir zeigte.

Es war erstaunlich, wie schnell sich die Kinder umzogen und ihre Sachen auf kleine Häufchen gepackt hatten. Das lag sicher daran, daß sie es kaum erwarten konnten, den Psychomotorikraum zu betreten.

Tim, Marvins Partner, war mit von der Partie. Die Kinder waren überraschend diszipliniert. Ohne daß Frau Liander etwas sagte, schoben sie die große Matte vom Trampolin, richteten eine Seite steil auf, lehnten sie an das Trampolin und befestigten sie mit Seilen. Sie ließen Ringe und ein Seil von der Decke herab und legten dünne Matten darunter. Vor die grüne Tonne wurden Bänke gestellt, und ab ging die Post.

Die Kinder balancierten über die Bänke, ein Kind saß auf der grünen Tonne, das andere Kind sprang Trampolin. Anschließend rollten die Kinder die blaue Matte hinab, hingen an dem Seil oder schaukelten an den Ringen. Dies alles geschah ohne Hektik in geregelter Reihenfolge. Die Kinder variierten ihre Übungsfolgen an den einzelnen Stationen. Tim zum Beispiel machte einen Salto auf die blaue Matte; er konnte auch schon eine Rolle an den Ringen. Obwohl Marvins Überschläge noch nicht korrekt waren, seine Angst, eine Rolle rückwärts an den Ringen auszuführen, unübersehbar war, störte das niemanden.

Frau Liander stellte sich an die Ringe, krümmte das Knie, so daß Marvin den Fuß daraufsetzen konnte; aber über Schulterhöhe kamen Marvins Beine nie hinaus. Frau Liander fand es schon gut, daß er überhaupt so hoch kam. Ich mußte mich meinerseits mühsam zurückhalten, um ihm nicht einen Schubs nach hinten zu geben.

Nun sollte ich selbst mitmachen. Frau Liander nannte das „Selbsterfahrung". Nachdem ich drei Runden hinter mir hatte, war ich ganz schön geschafft. Trotzdem hatte ich das Gefühl, gestrafft zu sein. Frau Liander erklärte mir, mit der durch den Geräteaufbau herausgeforderten Bewegungsabfolge werde der sogenannte „Siebte Sinn" (d.h. der „Stellungssinn", der „Kraftsinn" und der „Bewegungssinn") geschult.

Der „Siebte Sinn"

Dieser Sinn ist unverzichtbar für die Kontrolle unserer Haltung, Kraftdosierung und Bewegung. „Er erschließt uns Wahrnehmungen über Kräfte bzw. Gewichte (mit der Modalität Kraftsinn), über Formen und Ausmaße (mit der Modalität Stellungssinn) und über Geschwindigkeit und Zeitverhältnisse (mit der Modalität Bewegungssinn)." Sinnliche Wahrnehmung ist immer eine Gemeinschaftsleistung mehrerer Sinne. Die individuelle Wahrnehmungsfähigkeit entwickelt sich dadurch, daß sie geschult wird. „Dabei ist die grundlegende Tatsache zu berücksichtigen, daß Wahrnehmung und Bewegung in einem engen Zusammenhang stehen“ [16]

Frau Liander erklärte mir den Vorgang anhand von Marvins Luftrolle an den Ringen. Marvin sei noch nicht in der Lage, eine Rolle rückwärts auszuführen, weil sein „Siebter Sinn“ noch nicht hinreichend ausgebildet sei. Die Fähigkeit zur Wahrnehmung des eigenen Körpers müsse durch wiederholte Bewegungsaktivitäten verbessert werden. Die Bewegungsabläufe würden durch die Übung zunehmend besser gesteuert, koordiniert und automatisiert.

Davon hatte ich mich selbst gründlich überzeugen können. Mir fielen jetzt auch die Unterschiede zwischen Marvin und Tim auf. Tim war motorisch geschickter als Marvin. Aber Tim hatte immer wieder Mühe, seine motorischen Aktivitäten unter Kontrolle zu halten. Bei Marvin merkte man, daß er in einigen Bewegungsbereichen noch ungeschickt war. Erstaunlich war, daß er von sich aus immer wieder zu üben begann.

Ich glaubte Frau Liander, daß Marvin am Ende der Behandlung ebenfalls in der Lage sein werde, einen „Salto“ – so nennt sie die Rolle vom Trampolin auf die schräg ans Trampolin gelehnte dikke blaue Matte – und eine Luftrolle an den Ringen auszuführen.

Nach der Pause kamen die Kinder von Frau Hagedorn noch hinzu. Mit den Kindern zusammen wurde beraten, wie die Stunde weitergehen sollte. Die Kinder entschieden sich für einen „Dschungel“. Jedes Kind durfte sich drei Gegenstände oder Geräte aus dem Geräteraum aussuchen. Und es setzte eine rege Tätigkeit ein. Die Kinder verarbeiteten Seile, Matten, Stapelklötze, Stäbe und Schleuderrohre. Zudem wurden alle Geräte, die sich im Psychomotorikraum befanden, mit für den „Dschungel“-Bau verwendet.

[16] Kurz, Dietrich, 1998

Ich merkte, daß Marvin zwar mitmachte, aber keine seiner Spielideen durchsetzen konnte. Er versuchte es, aber die etwas älteren Kinder, die „Schulkinder“, hatten eindeutig „das Sagen“. Marvin probierte dafür umso intensiver die neugeschaffenen Bewegungsmöglichkeiten aus. Er hängte sich zum Beispiel mit dem Kopf nach unten an ein Seil (eine „Liane“), das von einer Wand zur anderen gespannt war, und schaukelte hin und her. Frau Liander machte mich auf die Stellung des Kindes (den Kopf langandauernd nach unten haltend) aufmerksam.

Sie erklärte mir, daß Marvin auf diese Weise Stellung, Kraft und Bewegung seines Körpers erspüren wolle.

Tim, Marvins Partner, zeigte erstaunliche Phantasie. Er hatte Einfälle und Pläne, die mir beim besten Willen nicht in den Sinn gekommen wären. Frau Liander griff manchmal ein, um Tims Tatendrang zu stoppen. Sie achtete offenbar darauf, daß er eine

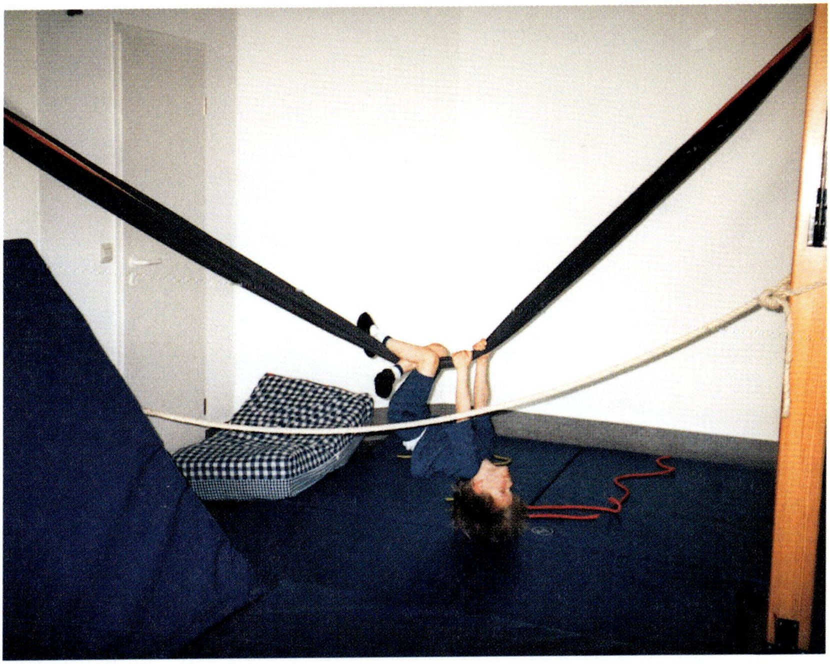

Abb. 34

Abb. 35

angefangene Handlung immer erst zu Ende führte, bevor er die nächste begann.

Ich sah ein, daß Marvin wohl noch einige Zeit brauchen würde, um so handlungskompetent zu werden, wie es die „Schulkinder" bereits waren.

Wenn Marvin beim „Dschungel"-Spiel „reißende Flüsse" überspringen wollte, merkte man, daß es mit seiner Sprungqualität noch nicht zum besten stand. Ihn selbst störte das nicht. Er sprang über einen „Fluß" d.h. von einer Matte zur anderen und mußte dabei sein Gewicht mit Armen und Beinen auffangen.

Am Ende der Stunde legten sich die Kinder noch (als „Sandwich“) zwischen zwei Matten und ließen sich kräftig quetschen. Dann räumten wir gemeinsam auf. Zum Malen – wie sonst üblich – blieb diesmal keine Zeit.

Abb. 36

Als meine Frau und ich zum Elterngespräch kamen, waren wir alle „locker drauf“. Meine Frau erzählte von Tims „Abschiedsfeier“, an der sie zusammen mit Tims Mutter teilgenommen hatte. Die Kinder hatte dabei eine „Sprungburg“ gebaut, und die Frauen hatten sich wohl intensiv unterhalten. Meine Frau war von Tims „Menschzeichnungen“ so beeindruckt, daß sie von Tims Mutter die Erlaubnis erbeten hatte, daß Frau Liander sie uns beiden zeigen und erläutern konnte.

Wir gingen die Bilder systematisch durch. Alle vier Wochen hatte Tim ein Bild von sich gemalt. Anhand der Bilder war klar erkennbar, wie das Kind seinen Körper zunehmend differenzierter wahrnahm, wie es seinen „Stellungssinn“ und seine Raum-/Lage-Fähigkeit entwickelte und daß seine letzten Zeichnungen unübersehbar Kraft, Selbstbewußtsein und Lebensfreude ausstrahlten (Abb. 37 bis 43).

Anhand von Tims Zeichnungen konnten wir die vier Phasen in Tims Entwicklung deutlich nachvollziehen.

Abb. 37: Eingangs-/Öffnungsphase (5;2 Jahre)

Abb. 38: Chaosphase (5;3 Jahre)

Abb. 39: Regulationsphase (5;4 Jahre)

Abb. 40: Regulationsphase (5;5 Jahre)

Abb. 41: Regulationsphase (5;7 Jahre)

Abb. 42: Regulationsphase (5;9 Jahre)

Abb. 43: Konstruktionsphase (5;10 Jahre)

Tims Mutter hatte bei der „Abschiedsfeier“ wohl auch noch berichtet, daß Tim im Kindergarten nicht mehr auffällig sei, sich langanhaltend und konzentriert mit einer Sache beschäftigen könne, kreativ und ein anerkannter Spielpartner für andere Kinder geworden sei. Er könne seine Zappelei zwar nicht immer und jederzeit unter Kontrolle halten, seine Stimmung schwanke gelegentlich von einem Tag zum anderen. Aber damit werde er bestimmt im Leben zurechtkommen; sein Vater, Außendienstmitarbeiter einer größeren Firma, sei auch ein „Hektiker“ und sei am liebsten unterwegs.

Frau Liander ließ meine Frau und mich die Bilder diskutieren und wartete in Ruhe ab, bis wir selbst auf unseren Marvin zu sprechen kamen. Frau Liander fragte uns bald: „Was hat sich nach Ihrer Beobachtung bei Marvin verändert?“

Meine Frau und ich sahen uns an. Das hatten wir uns selbst eigentlich selbst noch gar nicht gefragt. Aber da gab es einiges zu sagen: „Unser Sohn ist selbstbewußter geworden. Er traut sich mehr zu. Er fängt von sich aus an zu malen und verkritzelt seine Zeichnungen nicht mehr. Er spielt draußen mit anderen Kindern, lädt Freunde ein, übernachtet auch selbst mal bei einem Freund. Marvin kann Fahrrad fahren ohne Stützräder. Er geht allein in den Turnverein. Er freut sich auf unseren nächsten Urlaub und ist stolz, daß er im nächsten Jahr schon „Schulkind“ im Kindergarten ist.“

Uns fiel dabei auf einmal selbst auf, daß wir nur positive Seiten unseres Kindes aufgezählt hatten. Das war früher anders gewesen. Offensichtlich hatten wir unsere Einstellung zu Marvin grundlegend verändert.

Daß Marvins Testergebnisse noch nicht in sämtlichen Bereichen altersgemäß ausgefallen waren, störte uns ehrlicherweise nicht. Wir wußten ja, daß Marvins Therapie noch nicht abgeschlossen war. Voraussichtlich bis Weihnachten, also noch drei bis vier Monate, sollte die mototherapeutische Behandlung in einer Kleinstgruppe fortgeführt werden. Darauf waren wir vorbereitet, und Marvin wollte auch von sich aus nach unserem Sommerurlaub gerne wieder zur Behandlung kommen.

Abb. 44

Bei unserem Bericht über die Veränderungen, die wir bei Marvin beobachteten, hatten wir gar nicht bemerkt, daß wir von ähnlichen Erfolgen berichtet hatten wie Tims Mutter.

Frau Liander hatte zwischenzeitlich Marvins Kindergarten besucht. Auch dort hatte sie von der Erzieherin gehört, daß Marvin kein Außenseiter mehr sei, sondern im Gegenteil aktiv am Spielgeschehen teilnehme. Offensichtlich habe er auch Freunde unter den anderen Kindern gefunden. Seine Aufmerksamkeitsspanne im Stuhlkreis und bei gelenkten Aktivitäten sei jedoch noch etwas kurz. Er brauche noch (zu) viel Kraft für motorische Aktivitäten und etwas längere Zeit für Problemlöseaufgaben. Er komme dabei aber meist zum richtigen Resultat. Deutlich sei die „Chaosphase" in der Entwicklung Marvins überwunden und vorbei. Ach ja, diese Zeit hatten wir schon fast vergessen.

Nun zeigte uns Frau Liander Marvins zuletzt gemaltes Bild. In der Zeichnung hatte er sich schon vollständig und mit allen wichtigen Körperteilen dargestellt – alles typische Anzeichen dafür, daß Marvin jetzt in der sogenannten „Konstruktivphase" und damit auf dem rechten Weg war.

Auf jeden Fall hatte sich bei Marvin bereits das „Körperschema", wie Frau Liander das nennt, soweit entwickelt und ausgebildet, daß er jetzt seinen Körper als Ganzes und im einzelnen angemessen spüren konnte, er hat auch schon Bezug zu seiner sozialen Umwelt.

Wir hatten Geduld und Vertrauen, denn alle Prognosen von Frau Liander waren bisher voll eingetroffen. Marvin entwickelte sich genau in den Schritten, die Frau Liander uns zu Beginn der Behandlung aufgezeigt hatte. Sie hatte uns den von ihr erwarteten Entwicklungsverlauf vor allem auch anhand der „Menschzeichnungen" unterschiedlicher Kinder demonstriert. Andererseits hatte meine Frau im Umkleideraum des öfteren von ähnlichen Erfahrungen anderer Mütter gehört. Dies hatte uns vor allem in der „Chaosphase" geholfen, die uns wirklich überrascht und auf eine harte Probe gestellt hatte.

Als wir am Ende der Besprechung auf die Uhr schauten, mußten wir uns beeilen: Ich hatte Stammtisch und meine Frau einen Computer-Kurs.

Abb. 45

Abb. 46

Nach-Lese zur Mototherapie

Leben ist Bewegung und Bewegung ist Leben. Bewegung begleitet unser Empfinden und unser Denken. Unsere Gefühle drükken sich in unseren Bewegungen aus. Ein Zustand inneren Gleichgewichts ist an der Fähigkeit zu ausgewogenen Bewegungen erkennbar. Innere Unruhe und Unausgeglichenheit bewirken ein unharmonisches Bewegungsverhalten. Übermächtige, aufgestaute Emotionen brechen aus in gewaltsame, oft bis an die Schmerzgrenze gehende, manchmal sogar selbstzerstörerische Handlungen.

Aber ebenso wie unser Inneres auf unsere Bewegungen wirkt, beeinflussen äußere Bewegungen unser Fühlen und Empfinden, unsere Wahrnehmung und Haltung.

Über Bewegungen gewinnt das Kind Kontakt zu seiner Umwelt. Körperliche Bewegungen und sinnliche Wahrnehmungen sind Grundlage und Ausgangspunkt unserer Vorstellung von dieser Welt. Unser Bewußtsein und unsere Begriffswelt, unser Erkennen und Verstehen, haben ihren Ursprung in sinnlichen und daß heißt körperlichen Erfahrungen mit uns und unserer Umgebung. Dieses schwingt deutlich in unserer Sprache nach, wenn wir davon reden, man müsse etwas be-*greifen*, er-*fassen*, ver-*stehen*, er-*fahren* oder be-*halten*.

Bewegung und die Fähigkeit sich zu bewegen, ist wichtig für die Stelle und den Stellenwert, den Menschen unter ihren Mitmenschen, in der Gruppe oder in der Gesellschaft, einnehmen. Stellen sie sich für einen Moment eine fröhliche, lärmende, quirlig herumtollende Kindergesellschaft vor. Es ist uns selbstverständlich, daß die Geschicktesten, die Flinksten und die Beweglichsten besonderes Ansehen und besondere Beachtung genießen.

Vergegenwärtigen sie sich auf der anderen Seite die Kinder, deren Bewegungen linkischungelenk, schwerfällig, plump oder tolpatschig wirken. Sie können nicht mithalten, sie geben rasch auf und stehen betreten oder verunsichert am Rande. Uns fallen aber auch diejenigen Kinder auf, die fahrigunkontrolliert mal dieses mal jenes beginnen, zügellos in ihrem Bewegungsdrang, die im wahrsten Wortsinn außer Rand und Band sind. Außenseiter auch sie, nicht nur in der Kinder-Welt, sondern später auch in der Erwachsenenwelt.

Man kann sich unschwer vorstellen, welche innere Belastung solche Kindheitserfahrungen bedeuten. Sie prägen die soziale Einstellung des einzelnen, aber auch seine Grundhaltung gegenüber Problemen, wie zum Leben insgesamt. Um so wichtiger ist es, solche Kindheitserfahrungen nicht einfach zu verdrängen oder zu unterdrücken. Es ist lebensentscheidend, sie innerlich zu verarbeiten oder besser noch, ihr Entstehen durch rechtzeitiges Gegenwirken zu verhindern.

Dieses und genau dieses ist
Sinn und Gehalt der Mototherapie.

Die Rede ist hier nicht davon, daß heute allgemein Kinder in einer an Sinnesreizen überladenen und gleichwohl bewegungsarmen oder bewegungsfeindlichen Umwelt aufwachsen. Die Rede ist auch nicht von den weit verbreiteten Erziehungs- und Verhaltensproblemen, die sich daraus ergeben, daß Kinder zunehmend in Ein-Kind-Familien, ohne die notwendige Sozialerfahrung mit Geschwistern, groß werden oder daß nicht wenige Eltern in ihrer Erziehungshaltung eher verunsichert sind. Hier ist die Rede von denjenigen Kindern, die unter massiven Bewegungs-, Wahrnehmungs- und Verhaltensstörungen leiden.

Die Arbeit mit den in der Mototherapie behandelten Kindern geht von dem engen Zusammenhang und der Wechselwirkung von Bewegung, Wahrnehmung und Verhalten aus. Aufgrund ihres ganzheitlichen Ansatzes werden im Rahmen der mototherapeutischen Behandlung nicht defizitorientiert einzelne Bewegungen oder Fähigkeiten geschult und dann vom Kind beziehungslos eingeübt.

Mototherapie umfaßt dabei immer beides:

- *therapeutisches* Handeln auf pädagogischer Grundlage ebenso wie
- pädagogische Einwirkung in *therapeutischem* Kontext bzw. in *therapeutischer* Absicht.

Die fachliche Kompetenz der staatlich geprüften MotopädInnen ist insbesondere dann gefragt, wenn Bewegungsstörungen zusammen mit Wahrnehmungs- und Verhaltensstörungen ein kritisches Ausmaß erreicht haben, wenn sie weder mit pädagogischen Mitteln allein noch mit funktionaler Therapie zu regulieren oder zu korrigieren sind.

Die Mototherapie arbeitet nicht – wie andere Disziplinen – mit genormten Bewegungsvollzügen. Sie bietet den Kindern individuell gestaltete Handlungssituationen an, in dem jedes Kind die ihm gemäßen Handlungsmuster zwanglos und spielerisch ausprobieren kann. Dabei stehen Eigenständigkeit, Selbstbestimmung und das Sammeln vielfältiger Erfahrungen, im Vordergrund.

Für den Aufbau eines stabilen Selbstwertgefühls sind positive Körpererfahrungen besonders wichtig, da sie dem Kind das Gefühl und die Gewißheit vermitteln, frei und selbständig über seinen eigenen Körper verfügen zu können.

Die Mototherapie gibt dem Kind die Möglichkeit, seinen Körper auf neue und andere Weise zu erleben. Damit das Kind ein ganzheitliches Bild von seinem Körper entwickeln, damit es seinen Körper positiv erleben kann, werden ihm reizvolle Bewegungs- und Wahrnehmungsangebote in entsprechend ausgestatteten Bewegungsräumen zur Verfügung gestellt. Dabei geht es nicht nur um die Verbesserung der Bewegungsgeschicks; es geht im Grunde um die Entfaltung der kindlichen Persönlichkeit. Über die Bewegung erwerben sie die Fähigkeit, ihren Körper und sich selbst besser einzuschätzen.

Wichtig ist, daß mit der Verbesserung des Bewegungsverhaltens zugleich das Selbstbewußtsein des Kindes gestärkt wird. Die Verbesserung der Bewegung unterstützt alle Komponenten der Persönlichkeitsentwicklung. Sie regt nicht nur motorische, sondern auch affektive und kognitive Lernprozesse an.

Der richtig ausgestattete Bewegungsraum und die Haltung der Therapeutin sind ausschlaggebend für den Erfolg der Behandlung. Wichtig ist, daß die Kinder hier keine Rücksicht zu nehmen brauchen auf die Erwartungshaltung der häuslichen Umgebung. In der Therapie können sie sich ausleben, hier können sie frei von der Beurteilung und der emotionalen Abhängigkeit in der Familie handeln. Hier werden die Kinder in ihrer Individualität wahrgenommen, hier werden sie nicht ermahnt, leise zu sein, „artig" zu sein oder fremdgesetzten Norm-Ansprüchen zu genügen. In der Therapie können sie ganz sie selbst sein und so zu sich finden.

Am Anfang sucht die Therapeutin über Körperkontakte Zugang zu dem einzelnen Kind. Dieses setzt „tonische Empathie" [18], das heißt die Fähigkeit voraus, sich in das Kind hineinversetzen zu können, es so zu verstehen und anzunehmen, wie es ist.

Zu einer wirklichen Kommunikation zwischen Kind und Therapeutin kommt es nur, wenn die Therapeutin den Emotionen nachempfinden und nahe sein kann. Zugleich muß sie eine gewisse Distanz wahren. Sie muß die Beziehung kontrollieren, ohne dem Kind ihre eigenen Wünsche und Vorstellungen aufzuzwingen.

In der Regel sind Eltern aus den dargelegten Gründen am Anfang der Therapie nicht zugegen. In manchen Fällen empfinden sie sich ausgeschlossen. Das Gefühl, ausgeschlossen zu sein, erweckt wiederum Gefühle der Eifersucht oder Schuldgefühle, sofern Eltern meinen, die Therapeutin habe ein besseres Verständnis für ihr Kind. Deshalb ist es dringend erforderlich, dies anzusprechen und den Eltern sorgfältig die Gründe für das Handeln der Therapeutin zu erläutern. Wenn die Kinder sich in ihrer neuen Umgebung sicher fühlen, wird es den Eltern freigestellt, ob sie den Therapiestunden beiwohnen wollen, um den Therapieprozeß – als Partner ihrer Kinder – zu unterstützen.

Dazu kommt, daß das Kind sich mit der Behandlung selbst deutlich verändert. Damit gerät das mühsam ausbalancierte Gleichgewicht des familiären Zusammenlebens ins Wanken. Dabei brauchen die betroffenen Eltern fachlichen Rat und Unterstützung. Nur wenn die Eltern die in der Therapie ablaufenden Prozesse und ihre Auswirkungen verstehen, sind sie in der Lage, die Veränderungen und Entwicklungen ihrer Kinder mitzutragen und zu verstärken.

---

[18] Esser, 1992.

Andererseits haben Eltern während der Beratungsgespräche oft zum ersten Mal die Möglichkeit, offen und rückhaltlos über die Sorgen und Probleme zu sprechen, die sie sich wegen ihres Kindes machen. Dabei zeigt sich, daß die fachliche Diagnose in den Fällen wahrnehmungs- und verhaltensgestörter Kinder viel dazu beiträgt, die oft gespannte familiäre Gesamtsituation deutlich zu entlasten. Wenn Eltern ihr Kind nicht mehr als störend oder unfähig ansehen müssen, wird dieses nicht nur als entlastend empfunden, es ist die Voraussetzung dafür, daß Eltern die Therapie in ihrem Bereich wirksam unterstützen können. Erst vor diesem Hintergrund können sie Beziehungs- und Kommunikationsstörungen im Verhältnis zu ihrem Kind ohne Schuldgefühle sehen und zu ihrem Abbau beitragen.

Insofern hat die Elternarbeit im Rahmen der Mototherapie einen überragenden Stellenwert. Aber nicht nur Zusammenarbeit mit den Eltern, sondern auch mit anderen an der Erziehung beteiligten Personen und Einrichtungen (z.B. mit Kindergärten oder Schulen) eine wichtige Aufgabe der Mototherapie. Mototherapie erfordert ihrer komplexen Aufgabenstellung entsprechend darüber hinaus interdisziplinäre Kooperation. Das heißt: Zusammenarbeit mit KrankengymnastInnen, LogopädInnen, ErgotherapeutInnen, Erziehungsberatungsstellen oder Psychotherapeuten.

Literatur

Arneth, A. et al.: Bewegung – das Tor zum Lernen, Vier Bausteine zur Förderung des Lernens, Pädagogisches Zentrum Rheinland Pfalz, Bad Kreuzbach, 1996

Ayres, A.J.: Bausteine der kindlichen Entwicklung, Springer Verlag, Berlin et al., 1984

Bundesausschuß der Ärzte und Krankenkassen: Kinder-Untersuchungsheft, Köln, 1990

Defersdorf, R.: Drück mich mal ganz fest. Geschichte und Therapie eines wahrnehmungsgestörten Kindes, Verlag Herder, Freiburg i.B., 1991

Dennison, P.E.: Befreite Bahnen, Verlag für Angewandte Kinesiologie, Freiburg i.B., 1991

Esser, M.: Beweg-Gründe. Psychomotorik nach Bernard Aucouturier, Ernst Reinhardt Verlag, München-Basel, 1992

Fröhlich, A.: Wahrnehmungsstörungen und Wahrnehmungsförderung, Heidelberg 1986

Gorges, C.: Dokumentation Mototherapie. Das Behandlungskonzept der staatlich geprüften Motopädinnen und Motopäden in Praxis und Theorie, Deutscher Berufsverband der MotopädInnen und MototherapeutInnen e.V. (DBM), Dortmund, 1994

Gschwend, G.: Neurophysiologische Grundlagen der Hirnleistungsstörungen, Karger Verlag, Basel 1998

Kießling, U./Klän, S./Hitz, R.A.: Mototherapie, Münsteraner Schriften zur Körperkultur, LIT Verlag, Hamburg, 1994

Kiphard, E.J.: Motopädagogik, verlag modernes lernen, Dortmund, 1979

Kiphard, E.J.: Mototherapie, Bd. 2 und Bd. 3, verlag modernes lernen, Dortmund, 1990

Kiphard, E.J.: Unser Kind ist ungeschickt. Hilfen für das bewegungsauffällige Kind, Reihe: Kinder sind Kinder 7, Ernst Reinhardt Verlag, München-Basel, 1996

Krenz, A.: Was Kinderzeichnungen erzählen, Herder, Freiburg 1996

Kurz, Dietrich: Der siebte Sinn – Vortrag bei der Jahrestagung des Deutschen Berufsverbandes der MotopädInnen / MotothérapeutInnen am 13. März 1998 in Lingen, unveröffentlichtes Manuskript

Lösslein, H./Deike-Beth, C.: Hirnfunktionsstörungen bei Kindern und Jugendlichen, Deutscher Ärzte Verlag, Köln 1998

Mertens, K.: Körperwahrnehmung und Körpergeschick, Dortmund 1986

Miedzinski, K.: Die Bewegungsbaustelle. Kinder bauen ihre Bewegungsanlässe selbst, verlag modernes lernen, Dortmund, 1989

Montessori, M.: Die Entdeckung des Kindes, Freiburg 1991

Naville, S./Marbacher, P.: Vom Strich zur Schrift, verlag modernes lernen, Dortmund, 1995

Otte, H.M.: Ohnmächtige Eltern. Was Eltern verzweifelt macht und Kinder verunsichert, borgmann publishing, Dortmund, 1994

Piaget, J.: Das Erwachen der Intelligenz beim Kinde, Stuttgart 1975

Prekop, J.: Der kleine Tyrann. Welchen Halt brauchen Kinder?, Deutscher Taschenbuch Verlag, München, 1991

Prekop, J./Schweizer, C.: Unruhige Kinder. Ein Ratgeber für beunruhigte Eltern, Kösel Verlag, München, 1993

Richter, H.G.: Die Kinderzeichnung. Entwicklung – Interpretation – Ästhetik, Schwann, Düsseldorf 1987

Rosival, V.: Hyperaktivität natürlich behandeln, Gräfe und Unzer, München, 1993

Schilling, F.: Spielen, Malen, Schreiben, verlag modernes lernen, Dortmund, 1996

Tants, D.: Phos und Phati, Diät-Ratgeber für phosphatempfindliche und überaktive Kinder und Jugendliche, Verlag Partisch und Ziemann, Wahlstedt, 1987

Voss, R./Wirtz, R.: Keine Pillen für den Zappelphilipp. Alternativen im Umgang mit unruhigen Kindern, Rowohlt Verlag, Wiesbaden, 1991

Zimmer, R./Volkamer, M.: Motoriktest für vier- bis sechsjährige Kinder, MOT4-6, Beltz Test Gesellschaft, Weinberg, 1984

Zimmer, R.: Handbuch der Sinneswahrnehmung, Verlag Herder, Freiburg i.Br., 1995

Kontaktadressen

Deutscher Berufsverband
der MotopädInnen / MototherapeutInnen
DBM e.V.
Hörder Bahnhofstraße 6
44263 Dortmund
Tel./Fax: 02 31 / 82 93 24
e-mail: motopaede.dbm@planet-interkom.de
homepage: www.planet-interkom.de/motopaede.dbm

Förderverein Mototherapie
Lortzingstraße 4
47829 Krefeld

Ausbildungsstätten

Hessen

Schule und Rhön-Akademie Schwarzerden
Fachschule für Motopädie
36129 Gersfeld-Bodenhof

Nordrhein-Westfalen

Berufskolleg für Motopädie
Viktor-Toyka-Straße 6
44139 Dortmund

Gewerbliche, hauswirtschaftliche und
sozialpädagogische Schulen
Fachschule für Motopädie
Bensberger Straße 134-146
51469 Bergisch-Gladbach

Westfälische Schulen Hamm
Fachschule für Motopädie
Heithofer Allee 64
59071 Hamm

Sophie-Scholl-Berufskolleg
Fachschule für Motopädie
Dahlmannstraße 26
47169 Duisburg

Sachsen-Anhalt

Berufsakademie für Wirtschaft, Technik,
Hotelfach- und Heilhilfsberufe
Fachschule für Motopädie
Bernburger Straße 5
06108 Halle / Saale

IWK Halle
Fachschule für Motopädie
Platanenstraße 9
06114 Halle

IWK Aschersleben
Fachschule für Motopädie
Mauerstraße 13
38889 Blankenburg

Medizinische Berufsakademie GmbH
Fachschule für Motopädie
Obhäuser Weg 9
06268 Querfurt

Thüringen

Staatliche Medizinische Fachschule
Fachschule für Motopädie
Dr.-Robert-Koch-Straße 40
99734 Nordhausen

Staatlich genehmigte private Fachschule
für Heilpädagogik und Familienpflege
Fachschule für Motopädie
Neuer Friedberg 1
98527 Suhl

Deutsches Erwachsenen Bildungswerk e.V.
Fachschule für Motopädie
Zeulenrodaer Straße 23
07973 Greiz

Bildungs- und Technologiezentrum
Fachschule für Motopädie
Klosterlausnitzer Straße 19
07607 Eisenberg